국립중앙도서관 출판시도서목록(CIP)

(국어 교과서도 탐내는) 맛있는 고사성어 2 /
글: 문명식 ; 그림: 후크 정. — 서울 : 웅진씽크빅, 2008
p. ;   cm

ISBN 978-89-01-07171-8 74710 : ₩8800
ISBN 978-89-01-06873-2(세트)

713.04-KDC4   CIP2008000307

국어 교과서도 탐내는

맛있는 고사성어

글 문명식 그림 후크 정

웅진주니어

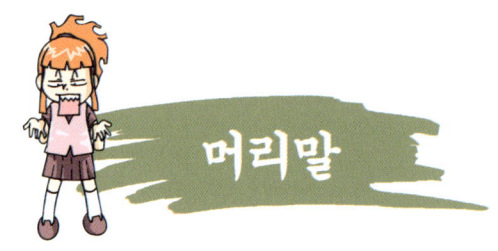

머리말

　　형설지공(螢雪之功)이란 말을 들어 보셨나요? 이 말은 반딧불과 눈으로 이룬 성공이라는 뜻입니다. 하지만 글자의 뜻만 보면 반딧불과 눈으로 어떻게 했다는 것인지 알 수 없습니다. 그것을 알기 위해서는 이 말이 유래한 이야기, 곧 고사를 알아야 합니다. 다시 말해, 밤에 등을 켤 기름이 없어 반딧불과 눈을 이용해 책을 보았다는 차륜과 손강의 이야기를 모르면 형설지공이라는 말을 온전히 이해할 수 없습니다. 이처럼 옛날 사람의 이야기에서 유래한 한자말을 고사성어라고 합니다.

　　고사성어는 본래 우리말이 아니었습니다. 대부분 옛날 중국에서 만들어졌습니다. 그러나 우리 조상들이 중국의 한자 문화를 받아들인 뒤에 자연스럽게 우리말 속에 스며들어 지금은 완전히 우리말이 되었습니다. 그런 점에서 고사성어는 외래어와 비슷합니다. '버스'나 '컴퓨터' 같은 외래어 역시 처음에는 외국말이었지만, 우리 일상생활 속에서 널리 쓰이게 되어 국어사전에까지 오른 말이거든요.

　　이런 사정은 우리가 평소에 주고받는 말 속에서 고사성어가 얼마나 자연스럽게 쓰이는지 생각해 보면 잘 알 수 있습니다. 예를 들면 우리는, "은희와 지연이는 죽마고우라던데?", "이렇게 하면 일거양득이야.", "저 사람은 정말 철면피인걸?" 같은 말을 흔히 합니다. 그러면서 '죽마고우'나 '일거양득', '철면피' 같은 말을 중국말이라고 여기지는 않습니다. 그냥 우리말처럼 자연스럽게 쓰고 있기 때문이지요.

물론 그렇다고 고사성어를 분별없이 마구 쓰는 것은 바람직하지 않습니다. 말이나 글을 어렵고 딱딱하게 만드니까요. 하지만 알맞게 활용하면 말과 글이 한결 맛깔스러워집니다. 이를테면 "은희와 지연이는 죽마고우래."는 "은희와 지연이는 어렸을 때부터 친한 친구래."보다 훨씬 간결하고 멋스럽습니다. 이처럼 고사성어는 좋은 글과 말을 짓는 데 도움이 됩니다.

고사성어에는 옛사람들의 오랜 경험과 지혜가 담겨 있습니다. 예를 들면 관포지교의 관중과 포숙아에서는 우정의 소중함을 배울 수 있습니다. 역지사지의 고사에서는 다른 사람에 대한 이해와 배려의 의미를 되새기게 되고, 우공이산의 우공에게서는 우직한 노력의 위대함을 생각하게 됩니다. 따라서 고사성어를 공부하면 단순히 새로운 말만 배우는 게 아니라, 우리가 살아가는 데 도움이 될 귀중한 교훈을 얻을 수도 있습니다.

이 책에서는 그런 고사성어들을 만화와 이야기로 꾸몄습니다. 재미있게 읽고 그 속에 담긴 고사성어와 교훈을 여러분의 것으로 만들어 보세요.

2008년 1월
문명식

차례

사람과 사람 사이의 관계를 나타내는 고사성어

- 순망치한   12
- 군계일학   16
- 동병상련   20
- 백미   24
- 낭중지추   28
- 유유상종   32
- 문전성시   36
- 난형난제   40
- 철면피   44
- 노익장   48
- 파경   52
- 조강지처   56
- 부마   60
- 오월동주   64

세상의 이치를 일깨우는 고사성어

- 대기만성   70
- 천고마비   74
- 백년하청   78
- 오십보백보   82
- 다다익선   86
- 고복격양   90
- 새옹지마   94
- 남가일몽   98
- 호사유피인사유명   102

일이 되어 가는 모양새를 보여 주는 고사성어

- 누란지위   108
- 파죽지세   112
- 첩경   116
- 괄목상대   120
- 사면초가   124
- 함흥차사   128
- 요령부득   132
- 동가식서가숙   136
- 구우일모   140
- 맥수지탄   144
- 비육지탄   148
- 완벽   152
- 사이비   156
- 도외시   160

어리석음을 깨우칠 때 쓰는 고사성어

- 당랑거철   166
- 사족   170
- 구상유취   174
- 인목구어   178
- 기우   182
- 각주구검   186
- 선입견   190
- 권토중래   194

- 찾아보기   198

등장인물

추괄호

운동에 있어서는 다방면에 재주가 뛰어나지만 축구를 특히 좋아한다. 수업 시간에 졸고, 집에서 책 펴놓고 조는 것이 특기. 엉뚱하기로는 둘째가라면 서러운 장난꾸러기이다.

내 꿈은 월드컵 본선 진출~!

괄호 아빠

언제나 코를 파고 있는 모습이 인상적인 아빠. 운동을 좋아하는 집안 내력답게 몸짱이지만 어딘지 아들보다 더 장난스러운 모습이다.

괄호야, 괄호야~! 아빠랑 놀아다오~!

전올백

유일하게 공부에 뜻을 둔 모범생.
때로는 잘난 체하는 것 때문에 친구들에게
구박을 받지만 우정만큼은 변함없는 친구이다.

나는 잘난 체하는 게 아니라 잘난 거라고.

장우동

먹는 것 앞에서는 언제나 행복히다. 약간 둔한 듯
착한 심성 때문에 괄호에게 번번이 당하지만
우식하고 늠식한 성격으로 언제나 꿋꿋하다.

헤헤~! 이것만 먹고 하면 안 될까?

우리 주변에는 가족을 비롯해 친구, 선생님 등 많은 사람들이 있어요. 동병상련의 처지에 놓인 사람과 서로 돕고 위로하며 지내기도 하지만 때로는 철면피처럼 뻔뻔한 사람 때문에 다투는 일도 있죠. 이처럼 사람과 사람 사이의 관계를 나타내는 고사성어들을 배워 보세요.

사람과 사람 사이의

관계를 나타내는

고사성어

갑자기 입술이 없어지면 어떻게 될까요? 이가 그대로 드러나 보기 흉하고, 무엇보다 찬 바람이 닿아 이가 시리겠지요. 그래서 이 말은 한쪽이 없어지면 다른 쪽도 무사하기 어려운 관계를 비유할 때 씁니다.

우공의 잘못된 판단

중국 춘추 시대 진나라 헌공이 괵나라와 우나라를 정복할 때의 일입니다. 괵나라를 치기로 결심한 헌공은 우나라의 우공에게 길을 빌려 주면 많은 재보를 주겠다고 제의했습니다. 이에 우공이 재물을 탐내어 요구를 들어주려고 하자, 궁지기라는 신하가 간곡히 말렸습니다.

"옛말에 '수레의 짐받이 판자와 수레바퀴는 서로 의지하고, 입술이 없어지면 이가 시리다.'고 했는데, 괵나라와 우나라의 관계가 바로 그렇습니다. 그러니 진나라에 길을 내주면 우리 또한 망하게 됩니다."

하지만 우공은 고집을 꺾지 않았습니다.

"진나라와 우리 나라는 주나라에서 갈라져 나온 형제가 아니오? 그런 진나라가 어찌 우리에게 해를 입히겠소?"

궁지기는 설득을 포기하고 가족과 함께 다른 나라로 피했습니다. 얼마 후 우공이 길을 내주자 진나라는 괵나라를 점령했습니다. 그리고 돌아가는 길에 우나라를 공격하고 우공을 포로로 잡아가 버렸습니다.

임진왜란과 명나라의 파병

1592년 임진왜란이 일어나자, 조선군은 처음부터 힘도 못 써 보고 패배를 거듭했습니다. 조선 정부는 결국 두 달 만에 서울과 평양을 버리고 멀리 의주까지 도망친 뒤 명나라에 구원해 달라고 애원할 수밖에 없었습니다. 이에 응하여 명나라는 7월부터 군대를 파견했습니다. 일본이 명나라를 정벌하겠다며 벌인 전쟁인 만큼, 명나라로서도 가만히 두고 볼 수는 없었기 때문입니다. 또한 조선이 일본의 수중에 들어가면 명나라의 안전이 위협받을 수 있다는 생각, 곧 脣亡齒寒 □□□□ 의 우려 때문에라도 원군을 보내지 않을 수 없었습니다. 명나라의 참전으로 벼랑끝에 몰렸던 조선은 겨우 한숨을 돌리게 되었습니다.

있을 때 잘 해!

승환 : 엄마, 승민이 언제 와요?

엄마 : 이틀 더 있어야 오지.

승환 : 이틀이나요? 무슨 캠프가 그렇게 길어요?

엄마 : 같이 있을 때는 만날 싸우더니, 이제 보고 싶니?

승환 : 승민이가 없으니까 심부름도 내가 다 하고, 야단도 나 혼자 맞고.

엄마 : 그러니까 있을 때 잘 하지 그랬니.

승환 : 누가 이럴 줄 알았나요.

엄마 : 이제 알겠니? 너희들은 脣亡齒寒 □□□□ 의 관계라는 걸.

젖먹이 동물에게만 있는 입술

입술은 입의 가장자리를 이루고 있는 부분을 말합니다. 아랫입술과 윗입술로 나누어져 있으며, 입 안쪽에 있는 부분은 점막, 즉 끈끈하고 부드러운 막으로 덮여 있고, 바깥 부분은 얇고 불그스름한 살갗으로 이루어져 있습니다. 입술의 바깥 부분이 불그스름하게 보이는 것은 살갗이 너무 얇아서 가는 핏줄들이 비치기 때문입니다. 그런데 이런 입술을 가진 것은 동물들 중에서도 젖먹이 동물들뿐입니다. 그래서 새나 곤충은 물론이고, 악어와 거북 같은 파충류나 물고기에게는 입술이 없습니다. 젖먹이 동물 가운데서도 입술이 가장 잘 발달한 것은 단연 사람입니다.

〈젖먹이 동물인 침팬지의 입술〉

脣 순

- 뜻 : 입술, 가장자리
- 부수 : 月(=肉, 육달월)
- 획수 : 총 11획
- 순설(脣舌) : 입술과 혀.
- 구순(口脣) : 입과 입술.

亡 망

- 뜻 : 망하다, 달아나다, 잃다
- 부수 : 亠(돼지해머리)
- 획수 : 총 3획
- 망국(亡國) : 망하여 없어진 나라. 나라를 망침.
- 망명(亡命) : 혁명의 실패 또는 그 밖의 사정으로 제 나라에 있지 못하고 남의 나라로 몸을 피함.

齒 치

- 뜻 : 이, 나이, 어금니, 나란히 서다
- 부수 : 齒(이 치)
- 획수 : 총 15획
- 치아(齒牙) : 이를 점잖게 이르는 말.
- 치과(齒科) : 이와 그 지지 조직 및 구강의 생리·병리·치료 기술 따위를 연구하는 학문. 이를 치료하거나 교정하는 의원이나 병원.

寒 한

- 뜻 : 차다, 춥다, 떨다, 가난하다, 추위
- 부수 : 宀(갓머리)
- 획수 : 총 12획
- 한기(寒氣) : 추운 기운. 추위.
- 오한(惡寒) : 몸이 오슬오슬 춥고 떨리는 증세.

 무리 군　 닭 계　 한 일　 두루미 학

닭 무리 속에 크고 우아한 두루미가 한 마리 있으면 금세 눈에 띄겠죠? 그래서 이 말은 많은 사람 가운데 두드러지게 뛰어난 이가 하나 있음을 비유할 때 씁니다. 죽림칠현의 한 사람인 혜강의 아들 혜소가 꼭 그랬다는데, 도대체 얼마나 대단했는지 살펴볼까요?

혜강과 혜소

중국 위진남북조 시대에 속세를 떠나 대나무 숲에서 거문고와 술을 즐기고 도를 얘기하면서 세월을 보낸 일곱 명의 선비가 있었습니다. 사람들은 이 선비들을 기려 시 '죽림칠현', 곧 대나무 숲의 일곱 현자라고 불렀습니다.

반역죄를 뒤집어쓰고 처형을 당한 혜강도 그 가운데 하나였습니다. 혜강의 아들 혜소는 나이는 어렸지만 총명하고 성품도 훌륭했습니다. 죽림칠현이던 산도는 혜소를 지켜보다가, 어른이 되자 진나라 무제에게 추천했습니다.

"〈서경〉에 아비의 죄는 아들에게 미치지 않으며, 아들의 죄는 그 아비에게 미치지 않는다고 했습니다. 혜소는 슬기와 지혜가 뛰어나니 벼슬을 주어 마땅합니다."

그 덕분에 혜소는 비서승이라는 벼슬을 얻었습니다. 혜소가 궁에 들어가던 모습을 본 어떤 이가 죽림칠현의 한 사람인 왕융에게 말했습니다.

"어제 많은 사람들 틈에 섞여 궁궐로 들어가는 혜소를 보았는데, 그 늠름한 모습이 마치 수많은 닭 속에 두루미가 한 마리 우뚝 서 있는 것 같았습니다."

그러자 왕융이 빙그레 웃으며 말했습니다.

"자네는 본 적이 없겠지만, 혜소의 아버지는 그보다 더 늠름했다네!"

민주주의의 발상지 아테네

고대 그리스는 초기 서양 문명이 활짝 피어난 곳 중 하나입니다. 특히 중심 도시 국가인 아테네에서는 활발한 상공업을 바탕으로 학문과 예술이 눈부시게 발달했으며, 인류 역사상 처음으로 민주주의가 꽃피었습니다. 당시에는 세계 어느 곳에서도 아테네와 같은 민주주의 정치가 행해지지 않았습니다. 그리스 밖의 세계는 물론이고 같은 그리스 도시 국가들도 마찬가지였습니다. 아테네는 군주제 나라이던 페르시아와의 전쟁에서 승리한 뒤 그리스의 여러 폴리스를 이끌었습니다. 그 이후 몇 십 년 동안 민주주의 정치가 무르익으면서, 아테네는 경제와 문화가 크게 발달한 群鷄一鶴 □ □ □ □ 같은 도시 국가가 되었습니다.

두루미냐 닭이냐

승민 : 아빠, 오늘 저 축구하는 거 봤죠?
아빠 : 그럼. 우리 아들, 정말 잘하던데?
승민 : 우리 팀은 내가 없으면 큰일 난다고요.
아빠 : 맞아. 공을 몰고 달리는 모습이 정말 群鷄一鶴 □ □ □ □ 이더라니까.
승환 : 그래서 세 골이나 먹고 졌니?
엄마 : 승민이가 유난히 눈에 띄긴 했지. 골키퍼하고 일대일로 맞서고서 헛발질을 해 버렸으니…….
승환 : 정말 한 마리 닭 같았지 뭐예요.

죽림칠현과 청담

죽림칠현(竹林七賢), 곧 대나무 숲의 일곱 현자에 속한 선비는 완적, 상수, 유령, 완함, 혜강, 산도, 왕융입니다. 그 가운데 완적과 유령은 시인이고, 완함은 음악가, 상수와 산도, 왕융은 도가 사상가이며, 지도자 격인 혜강은 도가 사상가이자 시인이었습니다. 이들이 관심을 갖고 푹 빠져 있던 것이 바로 깨끗한 대화, 곧 청담(淸談)입니다. 청담은 노자와 장자를 숭상하며 세상의 예법에 얽매이지 않고 우주와 만물의 이치를 자유롭게 논하는 학문 태도를 말합니다. 이런 학문을 하는 사람을 흔히 청담가라고 불렀는데, 청담가들은 대개 말재주가 뛰어난 것으로 유명했다고 합니다.

群 군
뜻 : 무리, 때, 많은, 여럿의, 떼를 짓다
부수 : 羊(양 양)
획수 : 총 13획
군무(群舞) : 여러 사람이 무리를 지어 춤을 춤.
군중(群衆) : 한곳에 떼를 지어 모여 있는 사람의 무리.

一 일
뜻 : 하나, 첫째, 오로지
부수 : 一(한 일)
획수 : 총 1획
일단(一旦) : 우선 먼저. 잠깐.
일류(一流) : 어떤 분야에서 첫째가는 지위나 부류.

鷄 계
뜻 : 닭
부수 : 鳥(새 조)
획수 : 총 21획
계란(鷄卵) : 닭의 알. 달걀.
양계장(養鷄場) : 닭을 전문적으로 기르는 농장.

鶴 학
뜻 : 두루미, 희다
부수 : 鳥(새 조)
획수 : 총 21획
홍학(紅鶴) : 플라밍고.
학수고대(鶴首苦待) : 학처럼 목을 길게 빼고 간절히 기다림.

같은 병을 앓으면 서로 불쌍히 여겨

동병상련

 같을 동   병들 병   서로 상   불쌍히 여길 련(연)

같은 병을 앓는 사람을 만난다고 생각해 보세요. 같은 고통을 당하고 사정을 잘 아는 처지이니 딱하면서도 얼마나 반가울까요? 그와 마찬가지로 사람은 자기처럼 어려운 처지에 있는 사람을 보면 동정하게 마련입니다. 바로 초나라 사람 오자서가 그랬던 것처럼 말이죠.

오자서와 백비

중국 전국 시대 초나라 사람인 오자서는 아버지와 형이 억울한 누명을 쓰고 죽자 복수를 다짐하며 오나라로 도망쳤습니다. 오자서는 관상을 보는 피리라는 사람의 눈에 띄어 운 좋게 오나라 왕에게 추천되고 벼슬까지 얻었습니다.

그 뒤, 백비라는 사람이 오나라의 실질적인 권력자가 된 오자서를 찾아와 보호를 요청했습니다. 백비는 오자서와 마찬가지로 초나라 사람으로, 아버지가 누명을 쓰고 죽은 것도 오자서와 같았습니다. 오자서는 그를 동정하여 오나라 왕에게 천거하여 벼슬을 얻게 해 주었습니다. 그러자 피리가 찾아와 오자서에게 물었습니다.

"그 사람을 충분히 알지도 못하면서 왜 그렇게 신뢰하는 것이오?"

"그가 나와 같은 원한을 갖고 있기 때문이오. 옛 노래에도 '같은 병은 서로 불쌍히 여기고, 같은 근심은 서로 구원한다.'는 구절이 있잖소?"

"내가 백비의 관상을 보니, 눈은 매 같고 걸음걸이는 호랑이 같아 사람 죽이기를 밥 먹듯이 할 상이오. 그러니 절대 마음을 주지 마시오."

오자서는 피리의 말을 흘려듣고, 백비를 더 높은 벼슬로 밀어 주었습니다. 피리의 말을 증명이라도 하듯이, 훗날 백비는 적국인 월나라와 내통해 오자서를 죽음으로 몰아넣었다고 합니다.

타고르의 '동방의 등불'

노벨 문학상을 탄 인도의 시인 타고르는 1929년 일본을 방문했을 때 조선으로부터 초청을 받았습니다. 하지만 그는 너무나 피곤해 초청을 사양하고, 그 대신 '동방의 등불'이라는 시를 지어 보냈습니다. 이 시에서 타고르는 '일찍이 아시아의 황금 시기에 / 빛나던 등불의 하나였던 코리아 / 그 등불 다시 한 번 켜지는 날에 / 너는 동방의 밝은 빛이 되리라'라고 조선을 축복했습니다. 그리고 마지막에 '내 마음의 나라 코리아여, 깨어나소서!'라고 노래했습니다. 이 시는 조선의 신문에 실려 많은 사람에게 용기를 주었는데, 그것은 아마도 타고르가 조선과 마찬가지로 식민지였던 인도의 시인으로서 同病相憐 □□□□ 의 아픔을 느꼈기 때문일 것입니다.

그 아버지에 그 아들

엄마 : 운전면허 시험 잘 봤어요?
아빠 : 그게 그러니까…….
엄마 : 또 떨어졌어요? 내가 못 살아.
아빠 : 아무래도 난 몸으로 하는 것에는 소질이 없나 봐요.
승환 : 아빠 마음 내가 잘 알아요. 나도 축구 못한다고 시합 때마다 구박받거든요.
아빠 : 너도 나 닮아서 고생이 많다, 아들아.
엄마 : 얼씨구, 부자간에 同病相憐 □□□□ 이네?

 ## 관상학 논문을 쓴 아리스토텔레스

인상, 곧 얼굴의 생김새와 골격을 관찰하여 사람의 운명을 판단하는 방법을 연구하는 학문을 관상학이라고 합니다. 관상학은 역사가 매우 길지요. 고대와 중세에도 관상학에 관한 책이 많이 나왔습니다. 호메로스, 히포크라테스 등이 쓴 초기 고전 문헌에도 관상학이 등장하지만, 최초로 체계적인 관상학 논문을 쓴 사람은 아리스토텔레스라고 알려져 있습니다. 아리스토텔레스는 논문에서 생김새에서 비롯되는 성격의 특성을 밝혔습니다. 예를 들면 두툼한 주먹코를 가진 사람은 우둔하며 욕심이 많고, 코가 뾰족한 사람은 개처럼 쉽게 화를 내며, 코가 특히 둥글고 뭉툭한 사람은 사자처럼 관대하다고 보았답니다.

同 동
뜻 : 한가지, 같다, 합치다
부수 : 口(입 구)
획수 : 총 6획
동창(同窓) : 한 학교에서 공부를 한 사이.
합동(合同) : 둘 이상의 조직이나 개인이 모여 행동이나 일을 함께함. 두 개의 도형이 크기와 모양이 같아 서로 포개었을 때에 꼭 맞는 것.

病 병
뜻 : 병, 근심, 병들다
부수 : 疒(병질엄)
획수 : 총 10획
병원(病院) : 병자를 진찰·치료하기 위하여 설비해 놓은 건물.
전염병(傳染病) : 전염성을 가진 병들을 통틀어 이르는 말.

相 상
뜻 : 서로, 모양, 정승
부수 : 目(눈 목)
획수 : 총 9획
상반(相反) : 서로 어긋나거나 반대됨.
위상(位相) : 어떤 사물이 다른 사물과의 관계 속에서 가지는 위치나 상태.

憐 련, 연
뜻 : 불쌍히 여기다, 어여삐 여기다
부수 : 忄(=心, 심방변)
획수 : 총 15획
연민(憐憫) : 불쌍하고 가련하게 여김.
가련(可憐) : 신세가 딱하고 가엾음.

날 때부터 눈썹이 희었다니 생김새부터 심상치 않았군요. 아니나 다를까, 그는 학문과 무예가 대단히 뛰어났다고 합니다. 그게 누구냐고요? 옛날 중국의 마량이라는 사람입니다. 여럿 중 가장 뛰어난 사람을 말하는 '백미'는 바로 그 마량의 이야기에서 비롯되었지요.

마씨네 오 형제

위나라와 오나라, 유비의 촉나라가 천하를 놓고 치열하게 싸우던 중국 삼국 시대의 이야기입니다. 적벽대전에서 크게 이겨 청주와 양양, 남군 지방을 손에 넣은 유비는 참모들과 장수들을 모아 놓고 앞으로 어떻게 해야 할지 의견을 물었습니다. 그러자 전투 중에 유비를 두 번이나 구해 준 장수 이적이 이렇게 말했습니다.

"새로 얻은 땅들을 오래 지키려면 먼저 훌륭한 인재를 구해야 합니다."

"어디 마땅한 사람이라도 있소?"

유비의 물음에 이적은 마량이라는 사람을 추천했습니다.

"마량은 양양 지방 사람으로, 마씨 오 형제 가운데 맏이입니다. 형제들이 모두 학문과 무예가 뛰어나지만, 그 가운데서도 마량이 최고입니다. 태어날 때부터 눈썹이 희어서 백미라고 불리지요. 그 지역 사람들은 흔히 '마씨네 다섯 형제 가운데 백미가 가장 뛰어나다'고들 한답니다."

이적의 이야기를 들은 유비는 당장 마량을 자기 진영으로 끌어들였습니다. 마량은 유비의 참모가 되어 남쪽의 외적을 물리치는 데 큰 공을 세웠으며, 제갈공명과 생사를 함께할 만큼 깊은 우정을 나눈 것으로도 유명합니다.

허균의 〈홍길동전〉

〈홍길동전〉은 조선 광해군 때 허균이 쓴 소설입니다. 최초의 한글 소설로 유명한 이 작품에는 양반의 서자(본부인이 아닌 딴 여자에게서 태어난 아들)로 태어난 홍길동이라는 청년이 등장합니다. 홍길동은 서자라는 이유로 온갖 차별과 천대를 받다가, 수모를 견디다 못해 어느 날 집을 나갑니다. 그리고 산적이 되어, 활빈당이라는 무리를 이끌고 탐관오리들의 재물을 빼앗아 가난한 사람들을 돕습니다. 조정에서는 홍길동에게 병조 판서 벼슬을 주어 달래지만, 홍길동은 모든 것을 버리고 멀리 바다 건너에 율도국이라는 나라를 세워 자신이 꿈꾸던 정치를 펼칩니다. 〈홍길동전〉은 당시의 사회 현실을 비판하면서 서민들의 한을 대변한 소설로, 한글 고전 소설의 白眉 ☐☐ 로 꼽힙니다.

심술의 왕

승환: 엄마, 컴퓨터 마우스 못 봤어요?
엄마: 모르겠는데? 혹시 또 승민이가 어디다 숨겨 놓은 거 아니니?
아빠: 아무래도 그런 것 같은데?
엄마: 아까 내가 게임 좀 그만 하라고 야단쳤는데, 그래서 심술이 난 모양이네.
승환: 며칠 전에는 내 자전거 체인에 모래를 뿌려 놓더니…….
아빠: 지난번에는 텔레비전 못 보게 했다고 아예 차단기를 내려 버렸잖아.
엄마: 그건 정말 심술의 白眉 ☐☐ 였어요.
승환: 걔는 심술의 왕이라니까요.

 ## 중국 천하를 뒤흔든 적벽대전

서기 208년, 화북 지방을 통일한 중국 위나라의 조조는 20만 대군을 이끌고 남쪽으로 내려옵니다. 조조의 속셈은 유비의 촉나라 군대를 계속 추격하면서 손권의 오나라에 투항하라고 압박하는 것이었습니다. 이에 유비는 제갈량을 보내 손권을 설득하고 5만의 병사로 촉·오 연합군을 구성하여 조조의 군대와 맞섭니다. 이때 조조의 군대와 촉·오 연합군이 맞선 곳이 바로 양쯔 강 중류의 적벽입니다. 결국 승리는 화공의 계략으로 조조의 수군을 불살라 버린 촉·오 연합군에게 돌아갑니다. 이후 중국은 촉, 오, 위의 세 나라가 팽팽히 맞섰는데, 그 계기가 된 이 전투를 적벽대전이라고 합니다.

白 백

뜻 : 희다, 깨끗하다, 밝다
부수 : 白(흰 백)
획수 : 총 5획
백설(白雪) : 흰 눈.
백주(白晝) : 대낮.

眉 미

뜻 : 눈썹, 가장자리
부수 : 目(눈 목)
획수 : 총 9획
미간(眉間) : 두 눈썹 사이.
아미(蛾眉) : 누에나방의 눈썹이라는 뜻으로, 가늘고 길게 굽어진 아름다운 눈썹. 미인의 눈썹.

 주머니 **낭**  가운데 **중** 之 어조사 **지** 錐 송곳 **추**

주머니 안에 길고 뾰족한 송곳이 들어 있으면 어떻게 될까요? 주머니를 아무리 여미고 닫아도 송곳 끝이 튀어나오겠죠? 사람도 마찬가지입니다. 재능이 뛰어난 사람은 아무리 숨어 있어도 자연히 드러날 수밖에 없지요.

모수의 재치 있는 대답

중국 전국 시대 말, 막강한 진나라의 공격을 받은 조나라의 혜문왕은 동생인 평원군을 초나라로 보내 구원군을 요청하기로 했습니다. 평원군은 자기 집에 데리고 있던 식객 3천여 명 중에서 스무 명을 뽑아 수행원으로 데려가려고 했습니다. 그런데 열아홉 명은 쉽게 뽑았지만, 나머지 한 명을 뽑기가 쉽지 않았습니다. 그때 모수라는 사람이 찾아와 말했습니다.

"저를 수행원으로 데려가 주십시오."

"그대는 내 집에 온 지 얼마나 되었소?"

"이제 3년 되었습니다."

"재능이 뛰어난 사람은 아무리 숨어 있어도 주머니 속의 송곳처럼 끝이 드러나는 법이오. 그런데 나는 그대의 평판을 전혀 들은 바 없소. 내 집에 3년 동안이나 있었다는데 말이오."

"그것은 제가 지금까지 주머니 속에 한 번도 들어가지 않았기 때문입니다. 저를 진작 주머니에 넣으셨다면 송곳 끝은 물론이고, 송곳 자루까지 나왔을 것입니다."

평원군은 모수의 재치 있는 대답이 마음에 들어 그를 수행원으로 뽑았습니다. 모수는 과연 맹활약을 하여 초나라에서 구원병을 얻어 내는 데 큰 공을 세웠답니다.

트럭 운전사였던 엘비스 프레슬리

'로큰롤의 왕'으로 불리는 미국의 엘비스 프레슬리는 어린 시절, 수줍음이 많은 데다 말까지 더듬어 놀림을 받았습니다. 그러나 일찍부터 음악에 관심이 많았고, 어린 나이에 무대에 설 정도로 기타 연주와 노래 실력이 뛰어났습니다. 하지만 그럼에도 고등학교를 졸업한 뒤에는 돈을 벌기 위해 트럭을 몰아야 했습니다. 그러던 어느 날, 엘비스는 음반 회사를 찾아가 노래를 불렀습니다. 어머니가 자기 노래를 들으면 즐거워한다는 것을 알고 음반을 만들어 생일 선물로 드리기 위해서였습니다. 음반 회사에서는 이때 엘비스의 재능을 알아보고 아예 가수로 데뷔시켜 주었습니다. 덕분에 엘비스는 최고의 가수가 될 수 있었는데, 囊中之錐 □□ □□ 란 바로 이런 경우를 두고 하는 말일 것입니다.

반장 선거

예슬: 엄마, 만 원만 주세요.
엄마: 용돈 받은 지 얼마나 됐다고 또 돈을 달래?
예슬: 저 이번에 반장 선거에 나가잖아요.
엄마: 그래서?
예슬: 참 나, 아이들한테 떡볶이라도 사 줘야 하고, 여기저기 선물도 해야 하는 거 모르세요?
엄마: 너는 囊中之錐 □□□□ 라는 말도 모르니? 네가 능력만 있으면 그런 거 안 해도 저절로 알려진다고.
예슬: 능력이 부족하니까 그러는 거잖아요!

 식객

여러 나라가 대륙의 패권을 놓고 치열하게 다투던 중국의 전국 시대에는 국력을 키워 줄 유능한 인재가 많이 필요했습니다. 식객 풍습은 바로 그런 분위기에서 생겨났습니다. 각 나라의 권력자나 귀족들이 재능 있는 사람들을 모아 손님으로 대접하며 생활을 돌봐 준 것이지요. 대신 그 사람들, 곧 식객들은 집주인을 위해 일해야 했으며, 때로는 목숨까지 바쳤습니다. 거꾸로 주인을 배신하는 일도 있었지만, 그건 흔한 일은 아니었습니다. 유명한 식객 출신으로는 순자, 이사, 장의 같은 사상가들이 있고, 제나라의 맹상군과 조나라의 평원군, 진나라의 여불위 등은 식객을 3천 명씩이나 거느렸다고 합니다.

囊 낭
- **뜻** : 주머니, 자루, 주머니에 넣다
- **부수** : 口(입 구)
- **획수** : 총 22획
- **배낭**(背囊) : 물건을 담아 등에 지도록 만든 주머니.
- **담낭**(膽囊) : 쓸개.

中 중
- **뜻** : 가운데, 안, 속, 사이
- **부수** : ㅣ(뚫을 곤)
- **획수** : 총 4획
- **중간**(中間) : 두 사물의 사이. 사물이 끝나지 않은 때나 장소. 한가운데.
- **중립**(中立) : 어느 편에도 치우침이 없이 그 중간에 서는 일.

之 지
- **뜻** : 이것, 그것, ~의, 가다
- **부수** : 丿(삐침)
- **획수** : 총 4획
- **지자**(之子) : 이 애. 이 사람.
- **지동지서**(之東之西) : 동으로 갔다 서로 갔다 함.

錐 추
- **뜻** : 송곳
- **부수** : 金(쇠 금)
- **획수** : 총 16획
- **원추**(圓錐) : 원뿔.
- **입추**(立錐)**의 여지**(餘地) : 송곳을 세울 여유.

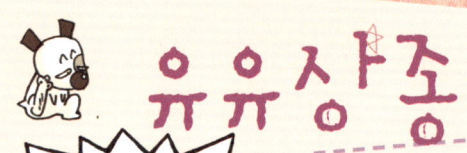

類 무리 유(류)　**類** 무리 유(류)　**相** 서로 상　**從** 좇을 종

비슷비슷한 것끼리 서로 어울린다는 뜻입니다. 〈주역〉의 '세상 모든 것들은 성질이 비슷한 것끼리 무리를 짓는다.'는 말에서 비롯된 듯합니다. 지금은 '끼리끼리 논다', '초록은 동색이다'와 마찬가지로 조금 안 좋은 의미로 쓰지요.

순우곤에 대한 선왕의 믿음

　순우곤은 전국 시대의 학자이자 정치가로서 제나라 선왕을 섬겼습니다. 한번은 선왕이 각 지방에 흩어져 있는 인재를 찾아오라고 하자, 불과 며칠 만에 일곱 명을 데리고 나타났습니다. 선왕은 미덥지 않다는 표정으로 순우곤에게 물었습니다.

　"일곱 명이나 데려온 것이오? 귀한 인재를 찾기란 좀처럼 쉽지 않은 법인데, 어떻게 한 번에 이렇게 많이 구할 수 있었소?"

　그러자 순우곤은 자신만만한 표정으로 이렇게 말했습니다.

　"같은 종류의 새가 무리 지어 살듯, 인재도 인재들끼리 모여 있게 마련입니다. 그래서 마치 강에서 물을 퍼 오는 것처럼 한꺼번에 인재를 데려올 수 있있습니다."

　"물을 퍼 오듯이?"

　"그렇습니다. 이 일곱 명 말고도 얼마든지 더 구해 드릴 수 있습니다."

　선왕은 순우곤의 사람 됨됨이를 잘 알고 있는지라, 그가 추천한 사람들을 모두 믿고 신하로 등용했습니다.

제2차 세계 대전과 추축국

추축이란 본래 움직이는 물체의 중심이 되는 부분을 뜻하는 말입니다. 하지만 제2차 세계 대전을 일으킨 독일, 이탈리아, 일본 세 나라의 파시스트 정부가 자기들을 '추축국'이라고 부르면서 세계적으로 자주 쓰이게 되었습니다. 類類相從 □□□□ 이라고, 세 나라는 전쟁 전부터 일찌감치 동맹을 맺고 끼리끼리 어울렸습니다. 1936년 10월, 무솔리니의 이탈리아와 히틀러의 독일이 먼저 손을 잡고 '베를린-로마 추축'을 만들었고, 한 달 뒤에는 다시 독일과 일본이 공산주의 방어 협정을 맺었습니다. 1937년에 이탈리아를 포함한 세 나라의 협정으로 확대한 다음, 1940년 9월에는 3국 군사 동맹을 체결하여 결국 '베를린-로마-도쿄 추축'을 완성했습니다.

텔레비전 채널 다툼

태완 : 악, 엄마, 안 돼요!
아빠 : 9회 말 마지막 찬스란 말이야!
엄마 : 나도 오늘 미니 시리즈 마지막 회 봐야 한다고!
아빠 : 그건 재방송 보면 되잖아!
엄마 : 야구야말로 재방송 보면 안 되나?
태완 : 야구는 재방송 안 해! 제발, 엄마!
아빠 : 점수 나겠네. 여보, 제발!
엄마 : 오늘따라 두 부자가 類類相從 □□□□ 이네? 하지만 오늘은 절대 안 됩니다!

동물이 무리 지어 사는 까닭

자연에는 무리를 지어 사는 동물이 많습니다. 벌이나 개미 같은 곤충, 아프리카 사바나 지역의 얼룩말이나 누 같은 초식동물, 그런 초식동물을 잡아먹고 사는 늑대나 하이에나 같은 동물이 그렇습니다. 벌이나 개미 같은 곤충은 커다란 사회를 이루고 서로 협동하여 살기 때문에 당연히 무리를 지을 수밖에 없습니다. 초식동물들은 많은 수가 뭉쳐 있는 편이 적을 막기에도 유리하고 살아남을 확률도 크기 때문에 무리를 짓습니다. 작은 물고기나 오징어 같은 물속 생물들도 마찬가지고요. 반대로 육식동물이 그러는 것은 사냥을 쉽게 하려는 목적에서랍니다.

〈커다란 사회를 이루어 사는 꿀벌 무리〉

類 유, 류

뜻 : 무리, 비슷하다
부수 : 頁(머리 혈)
획수 : 총 19획
종류(種類) : 사물의 부문을 나누는 갈래.
유사(類似) : 서로 비슷함.

相 상

뜻 : 서로, 정승, 모양
부수 : 目(눈 목)
획수 : 총 9획
상호(相互) : 상대가 되는 이쪽과 저쪽 모두.
수상(首相) : 내각의 우두머리.

從 종

뜻 : 좇다, 모시다, 일하다
부수 : 彳(두인변)
획수 : 총 11획
복종(服從) : 남의 명령이나 의사를 그대로 따라서 좇음.
종사(從事) : 일에 마음과 힘을 다함. 어떤 일을 일삼아서 함.

문 앞이 시장처럼 시끌벅적

문전성시

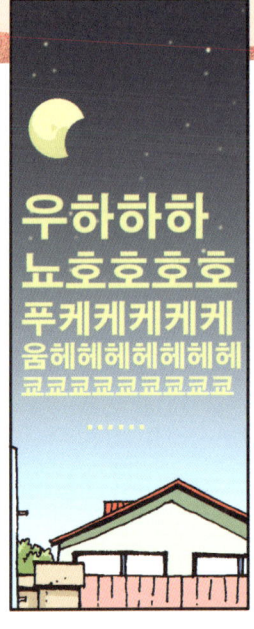

 문 문 　 앞 전 　 이룰 성 　 저자(시장) 시

사람이 얼마나 많이 드나들면 집 앞이 시장 같을까요? 아마도 그 집에 좋은 구경거리가 있거나, 찾아가면 뭔가 도움을 얻을 수 있기 때문이겠죠? 이 말은 많은 사람이 찾아서 늘 붐빈다는 것을 비유할 때 흔히 씁니다.

충성스러운 신하의 억울한 죽음

〈한서〉 '정숭전'에 나오는 이야기입니다.

한나라 애제는 스무 살에 즉위한 젊은 황제였습니다. 외척들이 권력을 쥐고 있어서, 애제는 그야말로 꼭두각시에 불과했습니다.

이를 보다 못한 정숭이라는 신하는 틈만 나면 황제에게 외척들의 횡포를 알리고 정치를 바로잡으려고 했습니다. 하지만 애제는 들으려 하지 않았고, 정숭은 황제의 눈 밖에 나게 되었을 뿐만 아니라 아첨꾼들의 미움까지 사게 되었습니다.

어느 날, 조창이라는 간신이 애제 앞에 나아가 정숭의 집에 사람들이 많이 드나들어 수상하다며 그를 모함했습니다. 애제는 곧바로 정숭을 불러 따져 물었습니다.

"경의 집 문 앞이 저자(시장의 옛말)와 같다고 하던데, 그러면서 나더러 이래라서래라 하시오?"

그러자 정숭은 이렇게 말했습니다.

"비록 문 앞이 저자와 같을지라도 제 마음은 물과 같습니다. 황공하오나 한 번 더 조사해 주십시오."

하지만 애제는 노발대발하며 정숭을 옥에 가두어 버렸습니다. 다른 신하들이 상소하여 변호했지만, 정숭은 끝내 풀려나지 못하고 옥에서 죽고 말았습니다.

토론의 광장 아고라

고대 그리스에는 도시마다 아고라라는 광장이 있었습니다. 아고라는 대개 도시 한가운데에 있었으며, 사람들이 모여 이야기를 나누는 장소이면서 물건을 사고파는 시장이기도 했습니다. 사회 문제와 학문에 관심이 많았던 그리스 시민들은 아고라에서 정치와 사상 따위를 토론하며 하루의 대부분을 보냈습니다. 그래서 그리스의 어느 도시 국가든 아고라는 門前成市 ☐☐☐☐ 를 이루었습니다. 이런 광장의 문화는 고대 그리스에만 있었기 때문에, 역사가인 헤로도토스는 아고라가 있느냐 없느냐가 그리스냐 아니냐를 구별하는 기준이라고 말하기도 했습니다. 아고라는 로마 시대까지 이어졌는데, 로마 사람들은 이것을 포룸이라고 불렀습니다.

생일잔치

엄마 : 내일 몇 명이나 오기로 했니?

지혜 : 한 스무 명?

엄마 : 작년에도 그렇게 큰소리치다 망신당했잖아.

지혜 : 올해는 門前成市 ☐☐☐☐ 를 이룰 거라고요. 남자 애들만 한 열다섯 명 될 걸요?

엄마 : 그럼 정말로 스무 명 먹을 음식을 준비한다.

지혜 : 잠깐만요. 혹시 모르니까 일단 열 명분만······.

엄마 : 다섯 명만 와도 門前成市 ☐☐☐☐ 라고 인정해 주지.

지혜 : 엄마, 딸을 너무 무시하는 거 아니에요?

 반고의 〈한서〉

반고는 서기 1세기에 활약한 후한 시대의 역사가입니다. 〈한서(漢書)〉는 반고가 아버지 반표의 작업을 물려받아 완성한 역사서입니다. 반표는 전한 시대까지 기록한 사마천의 〈사기〉를 이어받아 그 뒤의 역사를 편찬하려고 했습니다. 반고는 아버지가 모은 자료에 스스로 찾은 방대한 자료를 보태고 연구를 거듭해 16년 만에 작업을 끝냈습니다. 사마천의 〈사기〉를 모범으로 삼은 〈한서〉는 〈사기〉와 마찬가지로 정확한 역사를 기록한 책으로 꼽힙니다. 하지만 3천 년이란 긴 시간을 다룬 〈사기〉와 달리 한나라 230년의 역사만을 기록했고, 그러면서도 오히려 〈사기〉보다 분량이 많을 정도로 상세하며 편집 방식도 조금 다릅니다.

門 문
- **뜻** : 문, 집안, 동문
- **부수** : 門(문 문)
- **획수** : 총 8획
- **후문**(後門) : 뒷문.
- **전문**(專門) : 한 가지 일만을 연구하거나 맡음.

前 전
- **뜻** : 앞, 먼저, 앞서다, 나가다
- **부수** : ⺉(=刀, 선칼도방)
- **획수** : 총 9획
- **전생**(前生) : 이 세상에 태어나기 이전의 생애.
- **전후**(前後) : 어떤 물체·장소 따위의 앞과 뒤.

成 성
- **뜻** : 이루다, 이루어지다, 완성하다
- **부수** : 戈(창 과)
- **획수** : 총 7획
- **성공**(成功) : 목적하는 바를 이룸.
- **성립**(成立) : 일이나 관계 따위가 제대로 이루어짐.

市 시
- **뜻** : 저자, 시장, 시가, 값
- **부수** : 巾(수건 건)
- **획수** : 총 5획
- **시장**(市場) : 여러 가지 상품을 사고파는 일정한 장소.
- **도시**(都市) : 일정 지역의 정치·경제·문화상의 중추를 이루며, 사람들이 많이 모여 사는 곳.

난형난제

형과 아우를 가려내기 어려워

 難 어려울 난　兄 형 형　 難 어려울 난　弟 아우 제

두 가지 사물이 서로 비슷해서, 어느 게 낫고 어느 게 못한지 가리기 어려운 모습을 가리키는 말입니다. 후한 시대의 선비인 진식의 두 아들이 꼭 그랬다는데, 어떤 얘기인지 자세히 알아볼까요?

훌륭한 우리 아버지

〈세설신어〉에 나오는 이야기입니다.

후한 말기에 진식이라는 선비가 살았습니다. 진식은 가난한 집안 출신이었지만, 어려서부터 배우기를 좋아하고 모든 일에 올바르고 공평했습니다. 게다가 생활이 검소하여 집안에 하인조차 두지 않을 정도였습니다.

진식에게는 진기와 진심이라는 두 아들이 있었는데, 이들 역시 학문과 인품이 뛰어났습니다. 그래서 사람들은 이 세 부자를 흔히 '세 군자'라고 불렀습니다.

그런데 언제인가 진기와 진심의 어린 아들들이 함께 놀다가 말다툼을 벌였습니다. 서로 자기 아버지가 더 훌륭하다고 우기다가 그런 것이었습니다. 아이들은 한참을 다투어도 결론이 나지 않자 할아버지인 진식에게 달려갔습니다. 진식은 손자들의 물음에 고민을 하다 이렇게 대답했습니다.

"글쎄다. 원방(큰아들 기의 자)을 형이라 하기 어렵고, 계방(작은아들 심의 자)을 아우라 하기 어렵겠구나."

그러자 손자들은 모두 불만 없이 물러났다고 합니다.

# 펠레와 마라도나

브라질의 축구 선수 펠레는 흔히 '축구 황제'라고 불립니다. 1958년 스웨덴 월드컵에 열일곱 살의 어린 나이로 참가해 모두 여섯 골을 터뜨리며 브라질의 우승에 큰 공을 세웠습니다. 또한 1962년과 1970년의 월드컵에서도 브라질 대표 팀을 이끌고 우승을 차지하여, 세계적인 축구 영웅이 되었습니다. 한편 '축구 신동'이라 불리는 아르헨티나의 마라도나는 1979년 세계 청소년 축구 대회에서 크게 활약하여 단번에 스타가 되었습니다. 그 후 월드컵 대회에서 여러 번 눈부신 활약을 보여 주었고, 특히 1986년 대회에서는 아르헨티나를 우승으로 이끌어 펠레 못지않은 영웅이 되었습니다. 펠레와 마라도나, 둘은 그야말로 難兄難弟 □□□□ 여서 어느 누가 낫다고 하기가 어렵습니다.

# 아빠나 아들이나

엄마 : 여보, 청소 좀 같이해요.

아빠 : 나 지금 바빠요.

엄마 : 텔레비전 보면서 뭐가 바빠요?

아빠 : 야구 봐야 하니까 승환이 좀 시켜요.

엄마 : 승환이도 게임하느라 바쁘다잖아요.

아빠 : 그럼 야구 다 보고 할게요.

엄마 : 어쩌면 승환이하고 똑같은 소리를……. 아빠와 아들이 難兄難弟 □ □□□ 네!

 ## 유명한 이들의 일화를 모은 〈세설신어〉

〈세설신어(世說新語)〉는 중국 남북조 시대 송나라의 유의경 등이 자료를 모아 편집한 책으로, 후한 말부터 동진 때까지의 명사들의 일화를 모아 놓았습니다. 본래 〈유의경세설〉 또는 〈세설신서〉라고 불렸지만, 북송 이후 지금의 이름으로 바뀌었습니다. 덕행·언어·정사·문학 등의 36편으로 구성되어 있으며, 항목이 1,000개가 넘을 정도로 방대합니다. 내용은 당시의 지식인과 귀족들의 언행, 사상, 생활 태도에 관한 이런저런 일화가 대부분을 차지합니다. 글이 생생하고 내용이 흥미로운 데다 귀중한 역사 자료까지 많이 들어 있어서 학문적으로 가치가 높고, 특히 후세의 중국 소설에 커다란 영향을 끼쳤다는 평가를 받고 있습니다.

難 난
- 뜻 : 어렵다, 나무라다
- 부수 : 隹(새 추)
- 획수 : 총 19획
- 난해(難解) : 뜻을 이해하기 어려움.
- 비난(非難) : 남의 잘못이나 결점을 책잡아서 나쁘게 말함.

兄 형
- 뜻 : 형, 맏이
- 부수 : 儿(어진사람인발)
- 획수 : 총 5획
- 형제(兄弟) : 형과 아우.
- 매형(妹兄) : 손위 누이의 남편.

弟 제
- 뜻 : 아우, 나이 어린 사람
- 부수 : 弓(활 궁)
- 획수 : 총 7획
- 제수(弟嫂) : 아우의 아내.
- 제자(弟子) : 스승의 가르침을 받거나 받은 사람.

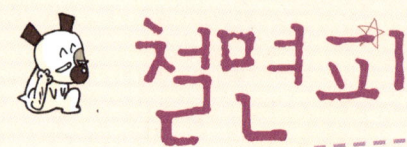

얼굴에 두꺼운 철판을 두르면 어떻게 될까요? 표정이 다른 사람들에게 안 보이니 무척 뻔뻔스러워지지 않을까요? 부끄러움도 모르게 되고요. 왕광원이란 사람이 꼭 그와 같았다고 하는데, 철면피는 바로 그의 이야기에서 유래한 말입니다.

기막힌 아첨

옛날 중국에 왕광원이란 사람이 있었습니다. 왕광원은 재능과 학식이 뛰어나 과거에 합격했으면서도 더 출세하겠다는 욕심이 많았습니다. 그래서 자기보다 관직이 높은 사람만 보면 늘 쓸개라도 빼 줄 듯 아첨을 했지요. 한번은 어느 권세가가 술에 취해 왕광원을 향해 채찍을 쳐들고 말했습니다.

"내가 그대를 때린다면 어찌하겠는가?"

그러자 왕광원은 오히려 이렇게 말했습니다.

"대감의 매라면 기꺼이 맞겠습니다."

그 말이 떨어지기가 무섭게 버슬아치는 사정없이 왕광원을 후려쳤습니다. 하지만 왕광원은 싫은 내색도 없이 묵묵히 맞았습니다. 함께 있던 사람들이 그 모습을 보고 기가 막힌다는 듯이 말했습니다.

"자네는 쓸개도 없나? 그런 모욕을 당하고도 어찌 그리 태연한가?"

하지만 왕광원은 태연한 얼굴로 이렇게 말했습니다.

"저런 사람한테 잘 보여서 나쁠 게 없잖은가."

그 뒤로 사람들은 왕광원을 두고 이렇게 얘기했다고 합니다.

"광원의 낯가죽은 두껍기가 열 겹의 철갑과 같다."

 ## 피노체트와 마거릿 대처

1973년, 칠레의 피노체트는 군사 반란을 일으켜 아옌데의 민주 정부를 뒤엎고 정권을 잡았습니다. 그 뒤 미국을 등에 업고 25년 동안 독재를 했는데, 그 기간에 3만 명이 넘는 시민이 학살당하고 많은 사람들이 고문을 받았습니다. 권력에서 물러난 뒤, 피노체트는 국제적으로 수배를 받아 1998년에 영국에서 체포되었습니다. 이때 피노체트는 자기가 저지른 범죄가 '국가에 봉사하기 위한 방법'이었다고 변명해서 세계로부터 鐵面皮 □□□ 라는 비난을 들었습니다. 鐵面皮 □□□ 하기로는 영국 수상을 지낸 마거릿 대처도 마찬가지였습니다. 대처는 피노체트를 편들면서 국제적인 구명 운동까지 벌였는데, 그 덕분이었는지 피노체트는 무사히 풀려나 죽을 때까지 아무런 처벌도 받지 않았습니다.

 ## 뻔뻔한 아들

아빠 : 수학 시험 점수가 이게 뭐니?

태완 : 뭐가 어때서요?

아빠 : 아무리 그래도 20점은 너무한 거 아니냐?

태완 : 빵점 맞은 애도 있는데, 뭘 그러세요?

아빠 : 빵점 안 맞았으니 다행이라는 거야?

태완 : 그럼요. 어차피 공부가 인생의 전부는 아니잖아요.

아빠 : 아이고, 내 아들이지만 참 대단한 鐵面皮 □□□ 로구나!

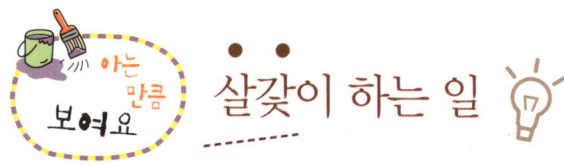# 살갗이 하는 일

우리 몸의 맨 바깥쪽을 이루는 부분을 살갗이라고 합니다. 살갗이 하는 일 가운데 가장 중요한 것은 몸을 덮어서 여러 가지 자극이나 압박, 세균, 해로운 물질로부터 보호하는 것입니다. 하지만 그것 말고도 많은데, 예를 들면 몸속의 열이 빠져나가는 것을 막는 일, 땀을 분비해서 체온을 조절하는 일, 감각을 느끼는 일, 이로운 물질을 빨아들이는 일 등을 하며, 심지어 호흡 그러니까 이산화탄소를 내보내고 산소를 빨아들이는 작용도 합니다. 특히 얼굴을 이루는 살갗은 갖가지 표정을 만들어 내는 중요한 기능을 맡고 있지요.

鐵 철

뜻 : 쇠, 무기
부수 : 金(쇠 금)
획수 : 총 21획
철사(鐵絲) : 쇠로 만든 가는 줄.
철공소(鐵工所) : 쇠로 된 재료로 온갖 기구를 만드는 소규모의 공장.

皮 피

뜻 : 가죽, 거죽, 껍질, 껍질을 벗기다
부수 : 皮(가죽 피)
획수 : 총 5획
피부(皮膚) : 살갗.
탈피(脫皮) : 파충류·곤충 등이 성장함에 따라 낡은 허물을 벗음. 허물벗기. 껍질이나 가죽을 벗김. 일정한 상태나 처지에서 완전히 벗어남.

面 면

뜻 : 낯, 면, 탈, 만나다
부수 : 面(낯 면)
획수 : 총 9획
면도(面刀) : 얼굴에 난 잔털이나 수염을 깎는 일. 면도칼.
가면(假面) : 나무·종이 등으로 만든 얼굴의 형상.
면담(面談) : 서로 만나서 이야기함.

老 늙을 로(노)　　**益** 더할 익　　**壯** 장할 장

누구나 나이가 들면 늙고 쇠약해지게 마련입니다. 하지만 나이가 들어 더 활기차게 살아가는 이들도 있습니다. 예순 살이 넘어 대장군이 된 뒤 전쟁에서 큰 공까지 세운 한나라 마원이 바로 그런 사람입니다.

진정한 대장부

중국 전한 시대에 독우관이란 벼슬을 지내던 마원이라는 사람이 있었습니다. 마원은 언젠가 태수의 명령으로 죄수들을 압송하게 되었는데, 도중에 죄수들이 고통에 못 이겨 울부짖는 것을 보고 그만 다 풀어 주고 말았습니다. 그리고 자신은 먼 북쪽 지방으로 달아났습니다.

마원은 그곳에서 가축을 길렀습니다. 본래 성실한 데다 수완이 좋았던 터라, 몇 년 뒤에는 가축이 몇 천 마리로 불어났습니다. 그 덕분에 부자가 되었지만, 어려운 이웃들과 친구들에게 돈을 다 나누어 주고 자신은 검소하게 살았습니다. 마원은 낡은 양가죽 옷을 걸치고 보잘것없는 음식을 먹으며 지냈습니다. 그러면서 주위 사람들에게 늘 이렇게 말했습니다.

"무릇 대장부가 뜻을 품었으면, 생활이 어려울수록 의지가 굳어야 하고, 늙을수록 굳세어야 한다."

그 뒤 후한이 세워지고 광무제가 즉위하자, 마원은 이미 예순 살이 넘었음에도 장군으로 발탁되었습니다. 마원은 광무제의 뜻을 받들어 반란을 일으킨 남만족을 정벌했고, 다시 몇 년 뒤에는 대장군이 되어 흉노족을 무찌르며 큰 공을 세웠습니다. 사람들이 그를 보고 모두 감탄했음은 물론입니다.

사람과 사람 사이의 관계 **49**

할아버지 권투 선수, 조지 포먼

1973년, 미국의 권투 선수, 조지 포먼은 조 프레이저를 케이오로 이기고 세계 헤비급 챔피언이 되었습니다. 그러나 바로 그 이듬해에 무하마드 알리에게 케이오로 져서 타이틀을 빼앗기고 말았습니다. 무시무시한 주먹을 자랑하던 포먼이었지만, 그 패배로 충격에 빠져 1977년에 은퇴하기에 이르렀습니다. 하지만 10년 뒤, 포먼은 서른여덟 살의 나이로 다시 권투를 시작했습니다. 많은 사람이 무모한 짓이라고 했지만, 놀랍게도 포먼은 자기보다 훨씬 젊은 선수들을 잇달아 물리쳤습니다. 그리고 마침내 1995년, 마이클 무어러를 케이오로 이기고 다시 세계 챔피언이 됐습니다. 그때 포먼은 마흔여섯 살이었고, 이미 손자까지 본 할아버지였습니다. 그야말로 老益壯 [　][　][　] 을 과시한 것입니다.

대단한 사장님

엄마: 이게 웬 주전자예요?
아빠: 회사 마라톤 대회에서 받은 상품이오.
엄마: 몇 등이나 했는데요?
아빠: 10등.
엄마: 에계계! 그럼 우승은 누가 했는데요?
아빠: 환갑 넘으신 우리 사장님.
엄마: 대단한 老益壯 [　][　][　] 이시네요. 그런데 젊은 당신은 겨우 10등?
아빠: 아무래도 그분은 보통 사람이 아닌 것 같아.

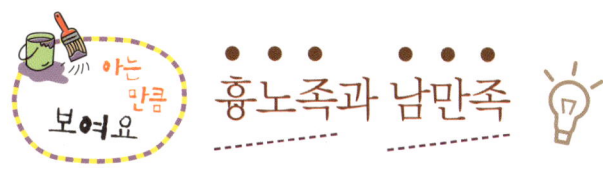

흉노족과 남만족

흉노족은 기원전 4세기 말부터 서기 1세기 말까지 몽골 고원과 동투르키스탄 일대를 지배한 유목 민족입니다. 전국 시대인 기원전 318년 이후로 중국을 여러 차례 침입했으며, 이 때문에 중국의 여러 나라는 만리장성을 쌓기 시작했습니다. 한때 중앙아시아에 큰 나라를 세웠던 이 흉노족이 투르크나 훈족의 조상일 거라는 주장도 있지만 아직까지 확실한 증거는 나타나지 않았습니다. 한편 남만(南蠻)족은 역대 중국 왕조들이 중화사상에 따라 중국 남쪽의 민족들을 얕잡아 부르던 이름입니다. 좀 더 정확하게는 윈난 성 지역의 여러 소수 민족들을 말하는데, 남만이란 남쪽의 오랑캐라는 뜻입니다.

老 로, 노
뜻 : 늙다, 익숙하다, 어른, 늙은이
부수 : 老(늙을 로)
획수 : 총 6획
경로당(敬老堂) : 노인들이 모여 어울릴 수 있도록 지은 집.
노련(老鍊)**하다** : 오랫동안 경험을 쌓아 익숙하고 능란하다.

益 익
뜻 : 더하다, 이롭다, 더욱, 이익
부수 : 皿(그릇 명)
획수 : 총 10획
익충(益蟲) : 직접·간접으로 사람에게 이익을 주는 벌레의 총칭.
수익(收益) : 이익을 거둠. 또는 그 이익.

壯 장
뜻 : 장하다, 굳세다, 웅장하다
부수 : 士(선비 사)
획수 : 총 7획
장사(壯士) : 몸이 우람하고 힘이 아주 센 사람.
장원(壯元) : 과거에서, 갑과에 첫째로 급제함. 또는 그런 사람.

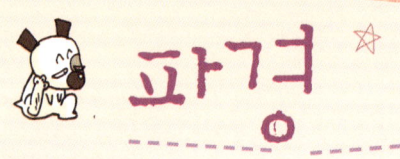

파경

破 깨뜨릴 **파**　　鏡 거울 **경**

깨진 거울 또는 거울을 깨뜨리는 것을 뜻하는 말입니다. 본래 헤어졌던 부부가 우여곡절 끝에 다시 합치는 것을 가리켰지만, 지금은 부부가 갈라서는 것을 가리킬 때 쓰입니다. 어떻게 해서 그렇게 됐는지 유래를 알아볼까요?

거울이 이어 준 인연

중국 남북조 시대의 진나라가 수나라의 침략을 받을 때의 일입니다. 태자사인이라는 벼슬에 있던 서덕언은 수나라 대군이 가까이 오자 아내를 불러 말했습니다.

"아무래도 나는 피해야 할 것 같소. 살아서 나중에 꼭 다시 만납시다."

그러면서 곁에 있던 손거울을 둘로 쪼개어 하나를 아내에게 주었습니다.

"이것을 간직하고 있다가 정월 보름날에 시장에 내다 파시오. 그때까지 살아 있다면 나도 그날 시장에 가겠소."

두 사람은 그렇게 이별했습니다. 얼마 안 있어 진나라는 망했고, 서덕언의 아내는 수나라로 끌려가 양소라는 사람의 집에서 살게 되었습니다.

난리 속에서 겨우 살아남은 서덕언은 한 해 뒤에 수나라의 서울로 올라왔습니다. 그리고 정월 보름날, 약속대로 시장에 갔다가 손거울 반쪽을 파는 사람을 발견했습니다. 서덕언은 그에게 자기가 가진 손거울 반쪽을 보여 주고 자초지종을 얘기했습니다. 그런 다음 손거울 뒤에 시를 적어 아내에게 보냈습니다.

서덕언의 아내는 그 거울을 보고 먹지도, 자지도 않은 채 울기만 했습니다. 이 사실은 양소에게 전해졌습니다. 양소는 두 사람의 사랑에 감동하여, 곧바로 서덕언을 불러 아내와 함께 고향으로 돌아가게 해 주었습니다.

 천 일의 앤

영화로 유명한 '천 일의 앤'의 주인공은 앤 불린입니다. 영국 왕실의 시녀였던 앤은 교양에 세련된 기품까지 갖춰 사람들의 추앙을 받았습니다. 당시 왕인 헨리 8세도 앤에게 반했습니다. 앤 역시 왕을 사랑하게 되어 두 사람은 결혼하기로 했습니다. 하지만 교황 클레멘스 7세가 왕의 이혼을 승인하지 않았습니다. 그러자 헨리 8세는 로마 가톨릭 교회에서 독립해 영국 국교회를 세우고 그곳의 도움으로 결혼에 성공합니다. 잠시 행복하게 살던 두 사람은 앤이 아들을 못 낳자 점점 사이가 벌어졌고, 급기야 헨리 8세가 다른 여자들을 가까이하면서 두 사람은 破鏡 □□에 이르렀습니다. 결국 앤은 억울한 죄까지 뒤집어쓰고 왕비가 된 지 세 해 만에 처형당하고 말았습니다.

 파경을 불러온 복권

아빠: 옆집 부부가 이혼했다는 게 사실이에요?

엄마: 글쎄 그렇다네요.

아빠: 로또 복권 당첨됐다고 그렇게 좋아하더니 왜 그랬담?

엄마: 갑자기 큰돈이 생기면 마음이 달라지잖아요.

아빠: 그래서 안 좋은 일이라도 있었대요?

엄마: 돈을 어떻게 쓸지 서로 생각이 달라 만날 싸웠대요.

아빠: 결국 복권 당첨이 두 사람을 破鏡 □□으로 몰아간 거네.

엄마: 그러게 말예요. 복권이 꼭 복을 갖다 주지는 않나 봐요.

 ## 가장 오래된 거울

〈조상들이 쓰던 거울, 면경〉

인류가 맨 처음 만든 거울의 재료는 돌이었습니다. 흑요석처럼 겉면이 반들반들한 돌을 갈아서 윤을 낸 것이었지요. 특히 신석기 시대의 터키 지역과, 유럽 인들이 오기 전에 페루 지역에 살던 사람들이 흑요석 거울을 썼다고 합니다. 그 뒤 문명이 발생하면서 구리, 은, 주석 같은 금속으로 만든 거울이 나타났습니다. 주로 구리 같은 금속으로 된 납작한 판을 반짝반짝 윤이 나도록 문질러서 만든 거울이었습니다. 유리 거울은 고대 로마에서 처음으로 만들었습니다. 플리니우스의 〈자연사〉라는 책에 따르면 유리 거울은 서기 1세기쯤에 시돈 지역에서 처음으로 만들었으며, 지금까지 남아 있는 것 중 가장 오래된 유리 거울은 서기 2세기 때 만든 것입니다.

破 파

뜻 : 깨뜨리다, 깨어지다, 쪼개지다
부수 : 石(돌 석)
획수 : 총 10획
파괴(破壞) : 깨뜨리어 헐어 버림.
파열(破裂) : 깨어지거나 갈라져 터짐.

鏡 경

뜻 : 거울
부수 : 金(쇠 금)
획수 : 총 19획
경대(鏡臺) : 거울을 달아 세운 화장대.
안경(眼鏡) : 원시·근시 등의 불완전한 시력을 조정하거나 강한 햇빛이나 먼지를 막기 위해 눈에 쓰는 기구.

| 糟 지게미 조 | 糠 겨 강 | 之 어조사 지 | 妻 아내 처 |

얼마나 먹을 게 없었으면 술지게미와 겨를 밥으로 먹었을까요? 조강지처는 그처럼 어려운 시절을 함께하며 고생한 아내를 말합니다. 나중에 출세했다고 그런 소중한 아내를 버리는 것은 사람의 도리가 아니겠죠?

송홍의 일편단심

중국 후한 광무제에게는 호양 공주라는 누나가 있었습니다. 혼자 사는 누나를 늘 딱하게 여기던 광무제는, 어느 날 호양 공주에게 신하들 중에 마음에 드는 사람이 있는지 물었습니다. 그러자 호양 공주는 송홍이라는 사람을 칭찬했습니다.

"그분의 위엄 있는 자태와 덕행, 재능은 따를 만한 신하가 없을 것입니다."

대사공 벼슬에 있던 송홍은 풍채가 당당한 데다 성품이 강직해서 사람들에게 두터운 신임과 존경을 받았습니다. 공주의 뜻을 안 광무제는 얼마 뒤, 호양 공주를 병풍 뒤에 숨게 하고 송홍을 불러들였습니다. 그리고 이런저런 얘기를 나누다가 슬며시 마음을 떠보았습니다.

"속담에 귀한 신분이 되면 친구를 바꾸고 부유해지면 아내를 바꾼다고 하는데, 이것은 사람이라면 다 마찬가지 아니겠소?"

하지만 송홍은 단호하게 말했습니다.

"황공하오나 소신은 가난하고 비천할 때의 벗은 잊지 말아야 하고, 술지게미와 겨로 끼니를 이으며 함께 고생한 아내는 버리지 않는 게 사람의 도리라고 들었사옵니다."

이 말을 듣고 광무제와 호양 공주가 크게 실망했음은 물론입니다.

 치마바위의 전설

1506년, 폭정을 일삼던 연산군이 박원종, 성희안 등이 주도한 중종반정으로 쫓겨났습니다. 새로 임금으로 추대된 사람은 성종과 정현 왕후 사이에서 태어난 진성 대군이었습니다. 그런데 공교롭게도 진성 대군의 부인 신씨는 반정으로 목숨을 잃은 간신 신수근의 딸이었습니다. 반정 세력은 진성 대군을 압박해 신씨의 왕비 자격을 빼앗고 신씨를 왕궁에서 쫓아냈습니다. 하지만 진성 대군, 곧 중종은 새로 왕비를 얻은 뒤에도 糟糠之妻 ☐☐☐☐인 신씨를 잊지 못했습니다. 그것은 신씨도 마찬가지였습니다. 신씨는 날마다 인왕산에 올라가 중종이 볼 수 있도록 경복궁 쪽 바위에 자신이 궁궐에서 입던 치마를 펼쳐 놓았다고 합니다. 그래서 인왕산 꼭대기의 그 바위를 지금도 '치마바위'라고 부릅니다.

 멀쩡한 컴퓨터?

은희 : 엄마, 우리 컴퓨터 좀 새걸로 바꿔요.
엄마 : 멀쩡히 잘 돌아가는 컴퓨터를 왜 바꾸니?
은희 : 옛날 거라 너무 느리잖아요.
엄마 : 그거 산 지 5년밖에 안 된 컴퓨터야. 아무 문제 없어.
은희 : 게임 한번 해 보세요. 얼마나 답답한지 알아요?
엄마 : 엄마는 게임 안 해. 그리고 게임하기 좀 불편하다고 멀쩡한 糟糠之妻 ☐☐☐☐를 버릴 수는 없잖아.
은희 : 엄마한테나 糟糠之妻 ☐☐☐☐지!

 ## 후한의 첫 황제, 광무제

서기 9년, 한나라 황제의 인척인 왕망이 황제의 자리를 빼앗아 신나라를 세웁니다. 왕망은 토지 제도와 화폐 제도를 개혁하는 등 새로운 정치를 펼쳤지만, 결국 실패하여 오히려 농민에게 고통만 주고, 각 지방의 세력가들에게도 불만을 샀습니다. 서기 23년에 군대를 일으켜 왕망을 황제 자리에서 쫓아낸 유수도 바로 그 세력가들 중 하나입니다. 유수는 2년 뒤에 도읍을 자신의 고향인 뤄양으로 옮기고 스스로 황제가 되었는데, 그가 바로 광무제입니다. 후한(後漢)은 신나라 멸망 후 광무제로부터 시작되는 이 왕조를 가리킵니다.

糟 조

뜻 : 지게미, 찌꺼기, 막걸리
부수 : 米(쌀 미)
획수 : 총 17획
조박(糟粕) : 술 찌꺼기. 학문이나 서화·음악 따위에서, 옛사람이 다 밝혀서 지금은 새로운 의의가 없는 것을 이르는 말.
조객(糟客) : 지게미와 같은 손님이라는 뜻으로, 이익이 적어 귀찮은 손님을 이르는 말.

糠 강

뜻 : 겨
부수 : 米(쌀 미)
획수 : 총 17획
강박류(糠粕類) : 겨와 깻묵 따위를 통틀어 이르는 말.
강미(糠糜) : 겨로 만든 죽.

之 지

뜻 : 이것, 그것, ~의, 가다
부수 : 丿(삐침)
획수 : 총 4획
지자(之子) : 이 애. 이 사람.
지동지서(之東之西) : 동으로 갔다 서로 갔다 함.

妻 처

뜻 : 아내, 시집보내다
부수 : 女(계집 녀)
획수 : 총 8획
처가(妻家) : 아내의 본집. 처갓집.
전처(前妻) : 재혼하기 전의 아내.

임금의 사위가 하는 벼슬

부마

 駙 곁마 **부**　　 馬 말 **마**

부마는 부마도위(駙馬都尉)의 준말입니다. 부마도위란 처음에는 그냥 황제의 말을 관리하던 벼슬의 이름이었습니다. 하지만 황제나 왕의 사위가 주로 그 벼슬을 받으면서 부마가 임금의 사위를 가리키는 말로 쓰이게 되었습니다.

금 베개

옛날 신도탁이라는 젊은이가 스승을 구하러 진나라 옹주로 갈 때의 일입니다. 어느 날 날이 저물어 하룻밤 묵으려고 어느 기와집 문을 두드렸습니다. 다행히 그 집에서는 방을 내주고 푸짐한 밥상까지 차려 주었습니다. 그런데 식사가 끝나자 주인 여자가 들어오더니 이상한 부탁을 하는 것이었습니다.

"저는 진(秦)나라 민왕의 딸이온데, 남편과 사별하고 23년 동안 혼자 살고 있습니다. 오늘 이처럼 찾아 주셨으니 저와 부부의 인연을 맺어 주십시오."

하도 끈질기게 간청하는 바람에 신도탁은 사흘 낮 사흘 밤을 그 여자와 부부로 함께 지냈습니다. 하지만 나흘째 아침이 되자 여자가 슬픈 얼굴로 말했습니다.

"이 이상 함께 있으면 화를 당하게 됩니다. 이제 헤어져야 해요."

그러면서 금 베개 하나를 정표로 주었습니다. 신도탁이 대문을 나선 뒤 문득 뒤돌아보니, 기와집은 간데없고 잡초가 무성한 벌판에 무덤이 하나 있을 뿐이었습니다.

옹주에 도착한 신도탁은 금 베개를 팔아 음식을 사 먹었는데, 그 금 베개를 알아본 진나라 왕비가 신도탁을 잡아들였습니다. 문초를 하다 신도탁이 겪은 일을 알게 된 왕비는 눈물을 흘리며, "죽은 내 딸과 부부의 인연을 맺었으니 그대는 내 사위다."라고 하며 신도탁에게 부마도위라는 벼슬을 내렸습니다.

평강 공주와 바보 온달

고구려 평원왕의 딸 평강 공주는 어릴 때 하도 잘 울어, 아버지에게 바보 온달에게나 시집보내야겠다는 놀림을 받았습니다. 열여섯 살이 되어 혼인을 시키려 하자, 평강 공주는 온달에게 시집가겠다고 말했습니다. 평원왕은 딸이 고집을 피우자 궁 밖으로 쫓아냈습니다. 평강 공주는 온달을 찾아가 결혼하고, 가지고 있던 패물을 팔아 살림 밑천을 마련했습니다. 그리고 정부에서 내다 파는 여윈 말을 사서 잘 기른 뒤, 온달에게 그 말을 주어 나라에서 여는 사냥 대회에 나가게 했습니다. 온달은 많은 짐승을 잡아 왕의 눈길을 끌었고, 그 뒤 북주의 무제가 침략했을 때도 큰 공을 세웠습니다. 그러자 평원왕은 비로소 온달을 사위로 인정했습니다. 온달은 슬기로운 아내 덕분에 천하의 바보에서 駙馬 □□ 가 된 것입니다.

바보 역할

엄마: 보람이는 왜 그렇게 울상이니?
아름: 학급 연극에서 바보 온달 역을 맡았대요.
엄마: 온달이면 주인공인데?
보람: 그래도 바보 역할이잖아요.
엄마: 처음엔 바보지만 나중에 駙馬 □□ 가 되잖아.
보람: 駙馬 □□ 가 뭔데요?
아름: 임금의 사위를 뜻하는 말이잖아, 바보야!
보람: 뭐? 바보? 에이 씨, 나 정말 안 할래!

베개는 언제부터 썼을까?

인류가 언제부터 베개를 썼는지는 알 수 없습니다. 아마 까마득한 옛날, 머리에 뭔가 받치고 자면 편하다는 사실을 알고 아무거나 베개로 쓰기 시작했을 것입니다. 잘 때 쓰기 위해 따로 베개를 만든 것은 많은 세월이 흐른 뒤였을 테고요. 고대 이집트와 중국에서 쓰던 베개가 발견된 것을 보면, 적어도 몇 천 년 전부터 베개를 이용했던 것 같습니다. 우리나라에서 가장 오래된 베개는 백제 무령왕릉에서 나온 목침, 곧 나무 베개입니다. 통나무를 사다리꼴 모양으로 깎고 가운데를 움푹 파서 머리를 받치기 좋게 만든 왕실용 베개지요. 고려 때는 청자 베개도 나왔고, 조선 시대 이후로는 요즘과 별 차이 없는 베개들이 만들어졌습니다.

駙 부

뜻 : 곁마(예비로 끌고 다니는 말)
부수 : 馬(말 마)
획수 : 총 15획
부마(駙馬) : 임금의 사위.

馬 마

뜻 : 말
부수 : 馬(말 마)
획수 : 총 10획
마패(馬牌) : 벼슬아치가 공무로 지방에 나갈 때 역마를 징발하는 증표로 쓰던 둥근 구리 패.
천리마(千里馬) : 하루에 천 리를 달릴 수 있을 정도로 좋은 말.

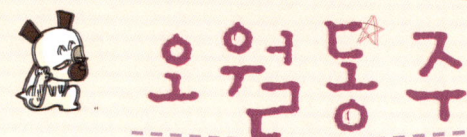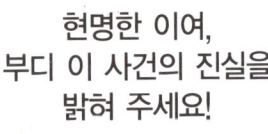

 오나라 **오** 월나라 **월**, 넘을 **월** 같을 **동** 배 **주**

원수인 두 사람이 같은 배를 탔다? 필시 서로 으르렁거리고 난리가 아니었겠군요. 하지만 풍랑으로 배가 가라앉으려고 한다면 어떨까요? 일단 사는 게 급하니 서로 도와 배를 구하려고 할 거예요. 오월동주는 바로 그런 상황을 가리키는 말이랍니다.

뭉쳐야 산다

중국 춘추 시대의 군사학자인 손무의 책, 〈손자병법〉에 나오는 이야기입니다.

일찍이 오나라의 왕 합려와 월나라의 윤상은 서로 원한이 있었는데, 그 원한은 다음 대에까지 이어질 정도로 깊었습니다. 그래서 윤상이 죽은 뒤 그의 아들 구천이 오나라를 침략하여 합려를 죽였고, 합려의 아들 부차는 나중에 구천에게 항복이라는 치욕을 안겨 주었습니다. 이것이 바로 와신상담이라는 말이 나오게 된 고사입니다. 이 때문에 오나라와 월나라는 사이가 나쁘기로 둘째가라면 서러울 정도였습니다.

손무는 병법들 가운데 하나를 설명하면서 그런 오나라와 월나라를 예로 들었습니다. "옛날부터 원수 사이인 오나라 사람과 월나라 사람이 같은 배를 타고 깅을 건넌다고 하자. 만약 강 한복판에 다다랐는데 큰바람이 불어 배가 뒤집히려 한다면, 오나라 사람이나 월나라 사람이나 평소의 적개심을 잊고 서로 왼손과 오른손이 되어 필사적으로 도울 것이다. 바로 이것이다. 모두가 죽을 수밖에 없을 때 의지가 되는 것은 오로지 하나로 뭉친 병사들의 마음뿐이다."

윈스턴 처칠과 소련

제2차 세계 대전으로 유럽 대륙과 영국이 독일군의 군홧발에 처참히 짓밟힐 때, 영국 수상 윈스턴 처칠은 소련을 같은 편으로 만들어 위기를 벗어나려고 했습니다. 소련이 독일의 침공을 받으면 도와주겠다고 선언한 것도 그 때문이었습니다. 하지만 사실 처칠은 군사를 동원해 러시아 혁명을 방해한 적이 있는 극렬한 반공주의자였고, 전쟁 직전까지 소련을 원수로 여긴 사람이었습니다. 그런 처칠이 소련을 돕겠다고 한 것은 전쟁으로 두 나라가 吳越同舟 ☐☐☐☐ 의 처지가 되었기 때문입니다. 아니나 다를까, 두 나라는 연합군이 되어 함께 독일과 싸웠지만, 전쟁이 끝난 뒤에 처칠은 본래 모습으로 돌아가 소련을 '철의 장막'이라고 비난하며 극도로 적대했습니다.

잠시 휴전

엄마 : 너희들, 왜 오늘은 게임 안 하니?
승환 : 숙제해야 돼요.
아빠 : 숙제는 아까 다 했잖아.
승환 : 승민이 숙제가 안 끝나서요.
승민 : 형이 제 숙제 도와준대요.
엄마 : 웬일이니? 날마다 컴퓨터 서로 차지하려고 싸우더니.
아빠 : 어제 내가 호통을 쳤거든. 한 번만 더 싸우면 컴퓨터 치워 버리겠다고.
엄마 : 그래서 지금 둘이 吳越同舟 ☐☐☐☐ 의 처지인 거구나.

 ## 손무와 〈손자병법〉

손무는 춘추 시대 제나라 사람으로, 손자라고도 불립니다. 중국 고대 최고의 군사학자로 평가받는 손무는 오나라 왕 합려를 도와 초, 제, 진 등의 나라를 굴복시켜 패권을 차지하게 했다고 합니다. 〈손자병법〉은 손무가 쓴 책으로, 중국에서 가장 오래된 군사학 서적이며, 그때까지의 군사학 이론과 전쟁 경험을 모아 놓은 병법의 고전입니다. 이 책에 나오는 "적을 알고 나를 알면 백 번 싸워도 위태롭지 않다."나 "싸우지 아니하고도 남의 군사를 굴복시키는 것이 가장 좋은 것이다." 같은 말들은 지금도 널리 인용되어 쓰이는 말입니다.

吳 오
뜻 : 나라 이름, 성의 하나, 큰소리 내다
부수 : 口(입 구)
획수 : 총 7획
손오(孫吳) : 중국의 이름난 군사학자인 손자와 오자.

越 월
뜻 : 월나라, 넘나, 넘기다
부수 : 走(달아날 주)
획수 : 총 12획
월남(越南) : 베트남. 남쪽으로 넘어감.
초월(超越) : 어떠한 한계나 표준을 뛰어넘음.

同 동
뜻 : 한가지, 같다, 합치다
부수 : 口(입 구)
획수 : 총 6획
동일(同一) : 서로 같음.
회동(會同) : 같은 목적으로 여럿이 모임.

舟 주
뜻 : 배
부수 : 舟(배 주)
획수 : 총 6획
일엽편주(一葉片舟) : 한 척의 조그마한 배.
방주(方舟) : 네모난 모양의 배.

세상의 일이 언제나 마음대로 되지는 않지요. 모든 일에는 이치가 있기 때문이에요. 옛 사람들은 깊은 지혜와 세상의 이치를 고사성어에 담아 놓았어요. 그게 어떤 것들인지 함께 살펴 볼까요?

세상의 이치를

일깨우는

고사성어

종지나 밥공기처럼 작은 그릇은 비교적 쉽게 만들 수 있습니다. 하지만 단지나 솥 같은 그릇은 크고 모양도 간단하지 않아 만드는 데 많은 시간이 걸립니다. 사람도 마찬가지여서 큰 인물은 늦게야 빛을 보는 경우가 많습니다.

용기는 나의 힘

중국 삼국 시대 위나라에 최염이라는 장수가 있었습니다. 최염은 풍채가 좋고 사람 됨됨이도 좋아서 사람들에게 존경을 받았습니다. 최림은 바로 그 최염의 사촌 동생이었습니다. 그런데 그는 외모가 볼품없어서인지 사촌 형과 달리 출세를 하지 못했습니다. 일가친척들은 그런 최림을 최염과 비교하며 업신여겼습니다.

"형만 한 아우가 없다더니 최림이 딱 그 꼴이라니까. 영리하지도 않고 딱히 잘하는 것도 없으니 장차 뭐가 될지 알 수가 없는 녀석이야."

하지만 최염의 생각은 달랐습니다. 그는 사촌 동생의 인물됨을 꿰뚫어 보고, 지금은 자기의 그늘에 가려 빛을 못 보고 있지만 장차 큰일을 해낼 인재라고 판단했습니다. 그래서 최림에게 이렇게 말하며 용기를 북돋아 주었습니다.

"큰 종이나 큰 솥은 그렇게 쉽사리 만들어지는 것이 아니다. 그와 마찬가지로 큰 인물도 오랜 시간이 걸려 만들어지는 법이지. 내가 보기에는 너도 그렇게 대기만성으로 성공할 사람이다. 그러니 좌절하지 않고 열심히 노력하면 틀림없이 큰 인물이 될 거야."

과연 그 말대로 최림은 나중에 황제를 보좌하는 삼공 중의 한 사람이 되었습니다.

'코미디의 황제' 이주일

이주일은 1980년대의 유명한 코미디언입니다. 우스꽝스러운 몸짓과 '못생겨서 죄송합니다', '뭔가 보여 드리겠습니다' 같은 유행어로 큰 인기를 얻었습니다. 그 덕분에 '코미디의 황제'로 불렸고, 나중에는 국회의원에 당선되기도 했습니다. 하지만 이주일은 다른 유명한 코미디언들에 비하면 굉장히 늦게 성공한 편이었습니다. 마흔 살이 넘어서야 겨우 텔레비전에 등장했을 정도니까요. 그 전까지는 작은 악극단에 소속되어 활동하던 이름 없는 연예인이었습니다. 주로 맡은 역할도 가수들의 공연에서 사회를 보는 것으로 코미디언으로서는 특별할 게 없었습니다. 하지만 어렵게 찾아온 방송 출연 기회를 놓치지 않고 재능을 발휘하여 大器晚成 ☐ ☐☐☐의 스타가 된 것입니다.

구구단

성재 : 엄마, 나 아무래도 바보인가 봐요.
엄마 : 아니, 왜?
고은 : 글쎄, 구구단을 못 외워서 수학 시험을 망쳤대요.
엄마 : 4학년인데 설마 구구단을 못 외울까.
고은 : 정말예요. 아직도 8 곱하기 7이 65인 줄 안다니까요.
성재 : 8단은 너무 어려워요.
엄마 : 괜찮아. 언젠가는 외우겠지. 내가 볼 때 우리 아들은 아무래도 大器晚成 ☐☐☐☐인 것 같아.

 ## 가장 오래된 토기

인간이 언제부터 그릇을 쓰기 시작했는지는 정확히 알 수 없습니다. 아마도 두 발로 걷기 시작하면서 음식물이나 물을 담으려고 쓰기 시작한 것으로 보입니다. 그릇의 재료도 처음에는 동물의 뼈나 돌, 나무 등이었을 것입니다. 그러다 농업과 기술이 발달하면서 토기를 만들게 되었습니다. 토기란 진흙으로 빚어 불에 구워서 단단하게 만든 그릇을 말합니다. 토기는 손쉽게 만들 수 있어서 오랫동안 이용되었습니다. 처음 만들기 시작한 것은 신석기 시대이며, 가장 오래된 것은 터키에서 발견된 것으로 약 9000년 전의 것입니다. 토기는 만드는 방법에 따라 토기, 도기, 석기, 자기로 나누며, 어떤 것은 예술품의 가치를 지니기도 합니다.

〈뜨거운 불에 굽고 있는 그릇들〉

大 대
뜻 : 크다, 대강, 거칠다
부수 : 大(큰 대)
획수 : 총 3획
대규모(大規模) : 일의 범위가 넓고 큼.
대한(大寒) : 이십사절기의 하나, 일 년 중 가장 추운 때로, 1월 20일경이다.

器 기
뜻 : 그릇, 접시, 도구
부수 : 口(입 구)
획수 : 총 16획
식기(食器) : 음식을 담는 그릇.
측우기(測雨器) : 비가 온 분량을 재는 데 쓰는 기구.

晩 만
뜻 : 늦다, 저물다, 저녁
부수 : 日(날 일)
획수 : 총 11획
만년(晩年) : 나이가 들어서 늙은 때.
만찬(晩餐) : 손님을 초대하여 함께 먹는 저녁 식사.

成 성
뜻 : 이루다, 이루어지다
부수 : 戈(창 과)
획수 : 총 7획
성공(成功) : 목적이나 뜻을 이룸.
완성(完成) : 완전히 다 이룸.

하늘은 높고 말이 살찐다는 뜻입니다. 하늘이 맑고 오곡백과가 무르익는 가을이나 활동하기 좋은 계절을 가리킬 때 흔히 쓰는 말입니다. 옛날 말을 잘 타던 흉노족의 침략과 약탈에서 유래했습니다.

가을이 오면

중국의 여러 왕조는 북방 흉노족의 침략 때문에 항상 골머리를 썩였습니다. 흉노족은 몽골과 중앙아시아 지역에서 살던 유목민으로, 양이나 말을 키우거나 사냥을 하며 살았습니다. 하지만 그것만으로는 먹고살기가 쉽지 않아서 틈만 나면 중국 땅으로 쳐들어와 약탈을 일삼았습니다.

흉노족은 말 타기와 활쏘기, 창던지기 솜씨가 뛰어나 일단 쳐들어오면 막기가 힘들었습니다. 그래서 진시황을 비롯한 중국의 여러 왕들은 흉노족이 아예 들어올 생각을 못하도록 북방 지역에 높은 성벽을 쌓았습니다. 춘추 전국 시대에 쌓기 시작하여 명나라 때 완성한 이 기다란 성이 바로 유명한 만리장성입니다.

하지만 그런 노력에도 불구하고 흉노족의 침입은 그칠 줄을 몰랐습니다. 특히 먹을 것이 떨어지는 겨울이면 말을 타고 떼 지어 몰려와 식량과 여자를 빼앗아 갔습니다. 그 때문에 북방의 중국인들은 하늘이 높고 말이 살찌는 가을만 되면 두려움에 떨었다고 합니다. 잘 먹어서 힘 좋은 말을 타고 흉노족이 언제 쳐들어올지 몰랐으니까요.

비발디의 〈사계〉

〈사계〉는 이탈리아의 음악가 안토니오 비발디의 바이올린 협주곡으로, 네 편의 시를 바탕으로 사계절의 분위기와 풍경을 섬세하고 아름답게 표현한 작품입니다. 400곡이 넘는 비발디의 협주곡 중에서 가장 유명하며, 표제 음악의 걸작으로 손꼽힙니다. 각각 봄, 여름, 가을, 겨울이라는 이름이 붙은 네 곡으로 이루어졌는데, 한 곡은 다시 세 악장으로 구성되어 있습니다. 제1곡 '봄'은 E장조로 봄을 맞아 새가 지저귀고 수풀이 돋아나는 봄날의 활기찬 풍경을 그리고, 제2곡 '여름'은 G단조로 나른하고 짜증스러운 여름철을 나타냅니다. 제3곡 '가을'은 F장조로 상쾌하고 풍요로운 天高馬肥 □□□□ 의 계절을 노래합니다. 마지막 제4곡 '겨울'은 F단조로 겨울의 눈보라와 추위, 집 안의 따뜻함을 표현한 곡입니다.

라면만 안 먹었어도

은하 : 으악, 이게 뭐야?

은미 : 왜 그래, 언니?

은하 : 한 달 새 3킬로그램이나 늘었네?

은미 : 놀라긴. 그렇게 먹고 그거밖에 안 찐 게 더 놀랍다.

은하 : 흑흑. 자기 전에 라면만 안 먹었어도······.

은미 : 뭐 어때. 어차피 天高馬肥 □□□□ 의 계절, 가을인데.

은하 : 뭐야? 내가 말이니?

 ## 만리장성은 우주에서 맨눈으로 보일까?

만리장성은 중국 동쪽 산하이관에서 서쪽의 자위관까지 이어진 긴 장벽입니다. 높이는 평균 9미터쯤 되고 너비는 약 4.5미터이며, 지도에서 직선거리는 약 2,700킬로미터 지만, 이리저리 뻗은 곁가지까지 치면 총 길이가 약 6,400킬로미터나 됩니다. 이런 엄청난 규모 때문에 한때 우주에서도 맨눈으로 볼 수 있다는 말이 떠돌았습니다. 실제로 1972년 싱가포르의 한 신문은 미국의 우주 비행사 진 커넌이 맨눈으로 보았다는 기사를 싣기도 했습니다. 하지만 2003년에 발사한 중국의 첫 유인 우주선 선저우 5호의 우주 비행사 양리웨이는 전혀 보이지 않았다고 말했습니다. 이로써 그것은 만리장성의 크기를 과장하려는 거짓말로 밝혀졌습니다.

〈만리장성〉

天 천

뜻 : 하늘, 하느님, 자연
부수 : 大(큰 대)
획수 : 총 4획
천국(天國) : 하늘나라.
천문학(天文學) : 우주와 천체를 연구하는 학문.
천연색(天然色) : 자연 그대로 가지고 있는 빛깔.

高 고

뜻 : 높다, 비싸다, 뛰어나다
부수 : 高(높을 고)
획수 : 총 10획
고원(高原) : 주위의 지형보다 높은 지대에 펼쳐진 넓은 벌판.
고급(高級) : 품질이 뛰어나고 값이 비쌈. 지위·신분·수준 따위가 높음.

馬 마

뜻 : 말
부수 : 馬(말 마)
획수 : 총 10획
마부(馬夫) : 말을 부려 마차나 수레를 모는 사람.
기마(騎馬) : 말을 탐.

肥 비

뜻 : 살찌다, 기름지다
부수 : 月(=肉, 육달월)
획수 : 총 8획
비만(肥滿) : 살이 쪄서 뚱뚱함.
비옥(肥沃) : 땅이 걸고 기름짐.

백 년은 기다려야 물이 맑아지니

백년하청

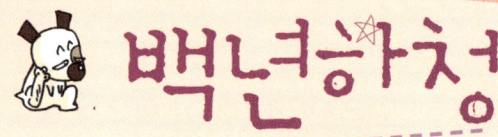

 일백 **백**　 해 **년(연)**　 물 **하**　 맑을 **청**

황허의 누런 물이 맑아지려면 얼마나 많은 시간이 걸릴까요? 백 년 동안 기다려도 소용이 없을까요? 백년하청은 그처럼 아무리 기다려도 바람이 이루어지기 힘들다는 것을 비유할 때 쓰는 말입니다.

무모한 도전

중국 춘추 시대에 있었던 일입니다. 정나라는 큰 나라인 초나라와 진나라 사이에서 간신히 독립을 유지하는 작은 나라였습니다. 그런데 이 정나라가 무모하게도 초나라의 속국인 채나라를 공격했습니다. 초나라는 그것을 자기네한테 도전한 것으로 여기고 정나라를 공격하여 응징하려 했습니다. 이에 정나라 조정은 긴급히 회의를 열었습니다. 의견은 두 갈래로 나뉘었습니다. 하나는 항복을 하자는 것이었고, 또 하나는 맞서 싸우자는 것이었습니다.

"우리 처지에 초나라 같은 강대국과 싸우자는 것은 모두 죽자는 말과 같습니다."

"초나라가 비록 큰 나라이기 하지만, 진나라의 도움을 받는다면 우리라고 지라는 법은 없습니다."

회의는 계속됐지만, 양쪽 주장이 팽팽히 맞서 결론이 안 났습니다. 그러자 말없이 지켜보던 자사라는 신하가 입을 열었습니다.

"옛 시에 이르기를, 황허의 물이 맑아지기를 기다리기에는 사람의 목숨이 짧다고 했소. 지금 우리가 진나라의 도움을 기다리는 건 여러 상황으로 보아 백년하청일 뿐이오. 가장 좋은 길은 일단 초나라에 항복하여 백성들을 무사하게 지키는 것이오."

결국 정나라는 초나라와 화친을 맺고 겨우 위기를 모면했다고 합니다.

세상의 이치

최남선의 변명

최남선은 구한말과 일제 시대에 활동한 역사학자이자 문학가입니다. 한국 최초의 근대 잡지인 〈소년〉을 창간하고 신체시와 시조 문학을 발전시켰으며, 한국의 역사와 사상을 연구하는 등 문화 발전에 큰 공을 세웠습니다. 1919년 3·1 운동 때는 민족 대표 33명의 한 사람으로 독립 선언서 초안을 쓰기도 했습니다. 하지만 그 뒤 점차 변절하여 일제 시대 말기에는 총독부의 관리가 되었고, 조선 학생들이 일본군에 지원하도록 연설을 하기도 했습니다. 해방 후 체포되어 친일파로 재판을 받게 되자 최남선은 모두가 조선을 위해서였다고 변명했습니다. 그리고 일본의 지배가 그렇게 쉽게 끝날 줄 몰랐다고도 했습니다. 어쩌면 최남선은 조선의 해방을 보는 건 百年河淸 ☐☐☐☐ 이라고 생각했는지도 모릅니다.

베토벤이 통곡한다!

석태 : 누나, 시끄러워 죽겠어!

은혜 : 너는 피아노 연주를 시끄럽다고 하니?

석태 : 그게 무슨 연주야, 소음이지.

은혜 : 소음이라니! 베토벤의 〈월광〉도 몰라?

석태 : 세상에! 베토벤이 지하에서 통곡하겠다.

은혜 : 지금은 좀 서툴지만, 두고 봐. 곧 〈운명〉도 연주할 테니까.

석태 : 윽, 그건 百年河淸 ☐☐☐☐ 일 것 같은데?

중국 문명의 어머니, 황허 강

황허 강(황하)은 중국에서 두 번째로 긴 강으로, 길이가 5,464킬로미터나 됩니다. 강이 시작되는 곳은 멀리 서북쪽 티베트 고원이며, 북쪽의 네이멍구 자치구와 중원을 지나 서해로 빠져나갑니다. 특히 중원의 평야 지대는 인류의 초기 문명 가운데 하나인 황허 문명의 무대가 되기도 했습니다. 황허라는 이름은 두드러지게 누런빛을 띠는 강물에서 비롯되었습니다. 강물이 그처럼 누런 것은 오르도스 사막을 비롯한 건조한 땅을 가로질러 흐르면서 물에 잘 가라앉지 않는 자디잔 황토 알갱이를 잔뜩 실어 나르기 때문입니다. 그 덕분에 중류와 하류에는 넓고 기름진 평야가 만들어져, 먼 옛날부터 농업이 크게 발달했습니다. 결국 황허 강의 누런 물이 중국 문명을 가져다준 셈입니다.

百 백
- 뜻 : 일백, 여러
- 부수 : 白(흰 백)
- 획수 : 총 6획
- **백과사전**(百科事典) : 모든 분야에 걸친 사항을 사전 형식으로 분류 배열하고 풀이해 놓은 책.
- **백발백중**(百發百中) : 백 번 쏘아 백 번을 다 맞힘. 총·활 등이 겨눈 곳에 꼭꼭 맞음.

年 년
- 뜻 : 해, 나이, 시대
- 부수 : 干(방패 간)
- 획수 : 총 6획
- **연대**(年代) : 지나온 시대.
- **금년**(今年) : 올해.

河 하
- 뜻 : 물, 내, 황허
- 부수 : 氵(=水, 삼수변)
- 획수 : 총 8획
- **하천**(河川) : 시내. 강.
- **운하**(運河) : 배를 운항하거나 물을 이용하기 위하여 육지에 파 놓은 물길.

淸 청
- 뜻 : 맑다, 깨끗하다
- 부수 : 氵(=水, 삼수변)
- 획수 : 총 11획
- **청순**(淸純) : 깨끗하고 순수함.
- **청소**(淸掃) : 쓸고 닦아서 깨끗이 함.

오십보백보

오십 걸음이나 백 걸음이나 마찬가지

전쟁터에서 오십 걸음을 도망친 병사가 백 걸음 도망친 병사를 꾸짖을 수 있을까요? 둘 다 도망친 건 마찬가지인데 말이죠. 이 말은 그처럼 어떤 두 가지 사물이나 일이 거기서 거기여서 어느 것이 낫거나 못하다고 할 수 없는 상황을 말할 때 씁니다.

혜왕의 고민

맹자가 위나라 혜왕의 초청을 받았을 때의 일입니다. 어느 날 혜왕은 맹자를 궁으로 불러 자못 심각한 표정으로 물었습니다.

"나는 마음을 다해 백성을 다스리고 있습니다. 하내에 흉년이 들면 하동의 곡식을 옮겨 하내 백성을 먹이고, 하동에 흉년이 들면 반대로 그렇게 합니다. 이웃 나라들을 봐도 나처럼 정치하는 왕은 없습니다. 그런데도 이웃 나라의 백성이 줄지 않고 이 나라 백성이 늘어나지도 않는 까닭은 무엇입니까?"

"전하께서 전쟁을 좋아하시니 그것으로 비유하지요. 전쟁터에서 한 병사가 갑옷과 투구를 던져 버리고 도망을 쳐서 백 걸음쯤 가서 멈추었습니다. 근처의 다른 병사가 역시 도망치다가 오십 걸음쯤에서 멈추고 백 걸음 간 사람을 비웃었습니다. 전하께서는 이것을 어떻게 생각하십니까?"

"말이 안 되지요. 오십 걸음이나 백 걸음이나 도망친 것은 마찬가지니까요."

"그것을 아신다면 백성이 늘지 않는다고 한탄하지 마십시오. 전쟁에만 관심을 둘 뿐, 참으로 백성을 위해 정치하지 않는 것은 이웃 나라 왕이나 전하나 마찬가지일 테니까요."

맹자의 말에 혜왕은 할 말이 없었습니다.

고려 군인들의 쿠데타, 무신의 난

고려는 문신, 그러니까 군인이 아닌 관리가 군인인 무신보다 우위에 있던 사회였습니다. 무신들은 차별을 받았고, 문신들에게 천대받기 일쑤였습니다. 그런 상황에서 참다못한 무신들이 반란을 일으켜 정권을 차지한 사건이 바로 1170년의 무신의 난입니다. 반란의 주동자인 정중부, 이의방, 이고 무리는 문신 정권을 뒤집어엎고 새로운 정부를 만들었습니다. 이후 100년 동안 고려는 무신 정권의 지배 아래 있었습니다. 하지만 문신 정권 때보다 나아진 게 전혀 없었습니다. 정중부에서 최충헌을 거쳐 마지막 임유에 이르기까지 무신 권력자들은 무자비한 독재자인 데다, 사회는 더 어지러워지고 백성들은 한없이 고통스러웠으니까요. 결국 문신 정권이나 무신 정권이나 五十步百步 ☐☐☐☐ 였다고나 할까요.

운동회

지혜 : 호연이 너, 달리기에서 꼴찌 했다며?
호연 : 어젯밤에 설사해서 그런 거잖아.
지혜 : 핑계는. 킥킥.
호연 : 그러는 누나는 줄넘기 몇 등 했는데?
지혜 : 나는 그래도 5등이다.
호연 : 출전 선수가 모두 여섯 명뿐이었잖아.
엄마 : 그럼 꼴지 바로 앞? 뭐야, 둘이 五十步百步 ☐☐☐☐ 잖아.

 ## 50보는 몇 미터일까요?

'步(보)'라는 글자는 본래 걸음을 뜻하지만, 거리를 재는 단위로도 쓰였습니다. 옛 중국에서 최초로 쓰이기 시작했으며, 보통 어른 남자의 발걸음이 기준이 되었습니다. 처음에는 1보가 주나라의 단위로 8자(척이라고도 함)였습니다. 하지만 춘추 전국 시대에는 역시 주나라 단위로 6자 4치였고, 그 뒤에는 6자, 5자로 바뀌었습니다. 주나라 단위로 한 자는 약 18센티미터쯤 되었을 거라고 합니다. 한 치는 한 자의 10분의 1이니까, 처음에는 1보가 약 140센티미터였고, 맹자가 활약한 춘추 전국 시대에는 115센티미터 정도 되었던 셈입니다. 따라서 이 고사에서 말하는 오십 보와 백 보의 거리를 미터법으로 나타내면 각각 575미터와 1,150미터쯤 됩니다.

五 오
뜻 : 다섯
부수 : 二(두 이)
획수 : 총 4획
오륜기(五輪旗) : 근대 올림픽을 상징하는 기.
오대양(五大洋) : 지구를 둘러싸고 있는 다섯 대양인 태평양, 대서양, 인도양, 남극해, 북극해를 가리키는 말.

十 십
뜻 : 열
부수 : 十(열 십)
획수 : 총 2획
십지기(丨字架) : 옛날 서양에서 죄인을 처형하던 십자형의 형틀.
십년감수(十年減壽) : 수명이 십 년이나 줄 정도로 위험한 고비를 겪음.

步 보
뜻 : 걸음, 걷다
부수 : 止(그칠 지)
획수 : 총 7획
보행(步行) : 걸어서 감.
보병(步兵) : 주로 소총을 가지고 걷거나 돌격하면서 전투하는 부대 또는 군인.

百 백
뜻 : 일백, 여러
부수 : 白(흰 백)
획수 : 총 6획
백만(百萬) : 만의 백 배가 되는 수.
백성(百姓) : 일반 국민의 예스러운 말. 예전에, 양반이 아닌 일반 평민.

많으면 많을수록 좋아서

다다익선

뭐든지 많으면 많을수록 좋을까요? 아마 대부분 그럴 거예요. 하지만 그렇지 않은 경우도 있습니다. 한나라의 장군 한신은 유방의 군사가 바로 그렇다고 말했습니다. 왜 그랬는지 옛날 중국 한나라로 가 볼까요?

장수의 장수

한나라의 유방이 초나라의 항우를 물리치고 중국을 통일한 뒤의 일입니다.

유방은 황제의 자리에 오른 뒤, 자기를 도운 부하들이 거꾸로 반기를 들까 봐 몹시 불안했습니다. 부하들 중 장량은 유방의 마음을 꿰뚫어 보고 숨어 버렸지만, 가장 큰 공을 세워 초나라 왕에 임명된 한신은 도망가지 않았습니다. 결국 한신은 초나라 왕 자리를 박탈당하고 유방의 포로 신세가 되고 말았습니다.

어느 날, 유방은 한신과 마음을 터놓고 얘기하다 난데없이 이렇게 물었습니다.

"경이 보기에 나는 얼마쯤의 군사를 거느릴 수 있을 것 같소?"

그러자 한신은 한 10만쯤 거느릴 수 있을 거라고 대답했습니다.

"그런가? 하면, 그대의 경우는 어떻소?"

"소신은 많으면 많을수록 좋습니다."

유방은 한바탕 크게 웃은 뒤, 그렇다면 왜 그 정도밖에 안 되는 사람에게 포로가 되었느냐고 물었습니다. 이에 한신은 이렇게 말했습니다.

"폐하께서는 병사의 장수가 아니오라 장수의 장수시지 않습니까. 소신이 폐하의 포로가 된 것은 바로 그 때문입니다."

한신의 재치 있는 말에 유방은 고개를 젖히고 다시 한 번 크게 웃었습니다.

1929년의 대공황

미국은 제1차 세계 대전 덕분에 산업이 크게 발달하여 10여 년 동안 번영을 누렸습니다. 하지만 모든 사람이 그 혜택을 본 것은 아니었습니다. 미국 가정의 반 이상은 너무 가난하여 생활에 필요한 상품을 충분히 사서 쓸 수 없었습니다. 그런데도 상품은 계속 생산되었습니다. 그렇게 생산된 상품은 제대로 팔리지 못했고, 재고품이 쌓이면서 기업의 이익은 점차 줄어들었습니다. 그러다가 기업들이 한꺼번에 문을 닫고 엄청나게 많은 실업자가 생기자 경제가 무너져 버리는 사태가 벌어졌는데 그것이 바로 1929년의 대공황입니다. 농민이나 기업에서는 값이 너무 떨어질까 봐 힘들게 생산한 상품을 일부러 불태우기까지 했습니다. 그것은 정말이지 多多益善 □□□□ 과는 정반대인 상황이었습니다.

훌라후프

엄마 : 오늘은 네가 설거지 좀 해 줄래?

성진 : 나 바쁜데요.

엄마 : 엄마 허리 아파서 그래. 게임 잠깐 쉬고 좀 해 주렴.

성진 : 참 나. 어제 훌라후프를 너무 많이 하는 것 같더라니……

엄마 : 이왕 할 거면 제대로 해야지.

성진 : 그래서 두 시간 동안이나 돌린 거예요?

엄마 : 多多益善 □□□□ 이라는 말도 있잖아.

성진 : 많이 돌릴수록 나만 힘들어지는 거 아니고요?

 ## 농사꾼 아들, 유방

항우를 이기고 한나라의 첫 황제가 된 유방은 본래 보잘것없는 농사꾼 집안 출신이었습니다. 게다가 어려서부터 성품이나 행실도 엉망이어서, 집안일이나 공부에는 관심도 없고 건달들과 어울려 술 마시는 게 일이었습니다. 하지만 그런 유방에게도 장점이 하나 있었는데, 바로 성격이 활달하고 호탕해서 사람들하고 무척 잘 어울린다는 것이었지요. 그 덕분인지 유방은 좋은 사람들을 만나 운 좋게 출세할 수 있었습니다. 유방과 천하의 패권을 다툴 때에도 그런 장점이 도움이 됐습니다. 유방 주변에는 뛰어난 인재들이 많이 모였고, 그들은 유방을 믿고 따르며 큰 공을 세웠습니다. 본래 미천한 신분이었던 유방이 귀족 출신에 무술과 학문까지 뛰어난 항우를 꺾을 수 있었던 것은 바로 그 때문이었습니다.

多 다
뜻: 많다
부수: 夕(저녁 석)
획수: 총 6획
다수결(多數決): 회의에서 많은 사람의 찬반에 따라 가부를 정함.
다양성(多樣性): 모양, 빛깔, 형태, 양식 따위가 여러 가지로 많은 특성.

益 익
뜻: 더하다, 이롭다, 더욱, 이익
부수: 皿(그릇명받침)
획수: 총 10획
수익(收益): 이익을 거둠. 또는 그 이익.
익충(益蟲): 사람에게 이익을 주는 벌레.

善 선
뜻: 착하다, 좋다, 훌륭하다, 잘하다
부수: 口(입 구)
획수: 총 12획
선행(善行): 착하고 어진 행실.
최선(最善): 가장 좋고 훌륭함. 온 정성과 힘.

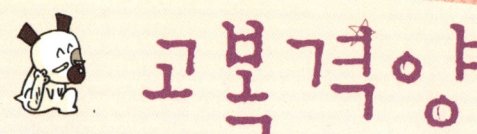

 두드릴 고　 배 복　 칠 격　壤 흙덩이 양

한가하게 배를 두드리고 발을 구르며 흥겨워한다는 말입니다. 세상이 태평하여 살기 좋으면 그런 일도 벌어지겠죠? 성군 중의 성군으로 일컫는 요임금이 세상을 다스릴 때 백성들이 그랬다는군요.

임금님의 덕

천하의 성군이라는 요임금이 세상을 통치한 지 50년이 지났을 때의 일입니다. 요임금은 정말로 세상이 잘 다스려지는지 보고 싶었습니다. 그래서 어느 날 평민처럼 꾸미고 궁 밖으로 나갔습니다. 이곳저곳 돌아다니다 어느 네거리에 이르렀는데, 어린아이들이 손을 잡고 놀면서 이런 노래를 부르는 것이었습니다.

우리가 이처럼 잘 살아가는 것은 / 모두가 임금님의 지극한 덕이네.
우리는 아무것도 알지 못하지만 / 임금님이 정하신 대로 살아가네.

요임금은 흐뭇한 마음으로 다시 발걸음을 옮겼습니다. 그런데 거리 한 귀퉁이에서 백발노인 하나가 배를 두드리고 땅을 구르며 노래를 부르고 있었습니다.

해가 뜨면 일하고 해가 지면 쉬네. / 밭을 갈아 먹고 우물을 파서 마시니
임금님의 힘이 나에게 무슨 소용인가.

요임금은 무척 기뻤습니다. 백성들이 정치 따위는 잊고 흥겹게 지낸다는 것이야말로 정치가 잘되고 있다는 증거라고 생각했기 때문입니다.

 ## 조선 시대 백성들의 평균 수명

현재 한국 사람들의 평균 수명은 78살입니다. 그렇다면 옛날 사람들은 어땠을까요? 조선 시대 백성들의 평균 수명은 약 40살밖에 안 됐고, 왕족도 겨우 47살 정도였다고 합니다. 현대 한국인 평균 수명의 거의 절반밖에 안 되는 수준이지요. 수명이 그렇게 짧았던 건 무엇보다 의료나 위생 수준이 지금보다 훨씬 나빴기 때문입니다. 잦은 전쟁이나 흉년에 따른 피해도 무척 컸을 것입니다. 그뿐 아니라 양반이나 관리 같은 지배층의 수탈 때문에 백성들 대부분이 제대로 먹고 입지 못하고 고된 노동에 시달렸습니다. 이것은 임금이 누구냐에 관계없이 거의 모든 시기에 해당하는 사정입니다. 그러므로 鼓腹擊壤 □□□□ 의 태평성대는 사실 민주주의가 발전한 현대라고 할 수 있을 것입니다.

 ## 일주일의 태평성대

호연 : 내일 우리 집에서 게임 할래?

석태 : 뭐? 너희 엄마는 어떡하고?

호연 : 우리 엄마 내일부터 외국 여행 가신다. 헤헤.

석태 : 정말?

호연 : 일주일 후에나 오신다고 했어.

석태 : 이거, 만세라도 불러야 하겠는걸?

호연 : 이제 일주일 동안 鼓腹擊壤 □□□□ 이다. 히히.

성군의 대명사 요임금

요임금은 기원전 2400년대에 세상을 다스린 중국 신화 속의 제왕입니다. 전설에 따르면 요임금이 70년 동안 세상을 다스린 뒤에 해와 달은 보석처럼 빛났고, 다섯 개의 별은 줄에 꿴 진주처럼 영롱했으며, 농사는 늘 풍작이었습니다. 게다가 봉황이 궁전의 앞마당에 둥지를 트는가 하면, 번영의 징조인 일각수 두 마리가 수도인 평양(지금의 산시 성)에 나타났다고 합니다. 요임금이 세상을 다스릴 때 두 가지 큰 일이 있었습니다. 하나는 대홍수가 일어나서 대우가 그것을 다스린 것이고, 또 하나는 대가뭄이 일어나 후예가 땅을 불태우는 열 개의 태양 가운데 아홉 개를 쏘아 떨어뜨려 세상을 구한 일입니다. 요임금은 후계자로 자기 아들이 아니라 사위인 순을 뽑았습니다. 순임금은 훗날 요임금과 더불어 '요순'이라 불리며 어질고 덕이 뛰어난 임금으로 찬양을 받았습니다.

鼓 고

뜻 : 두드리다, 치다, 부추기다, 북
부수 : 鼓(두드릴 고)
획수 : 총 13획
고동(鼓動) : 피가 도는 데 따라 심장이 뜀.
고무(鼓舞) : 북을 치며 춤을 춘다는 뜻으로, 격려하여 기세를 돋우는 것을 말함.

擊 격

뜻 : 치다, 부딪치다, 공격하다
부수 : 手(손 수)
획수 : 총 17획
격파(擊破) : 쳐부숨. 태권도 등에서, 벽돌·기왓장 따위를 머리나 맨발·맨손으로 쳐서 깨뜨리는 일.
추격(追擊) : 뒤쫓아 가며 침.

腹 복

뜻 : 배, 마음, 두텁다, 껴안다
부수 : 月(=肉, 육달월)
획수 : 총 13획
복통(腹痛) : 배가 아픔.
복안(腹案) : 마음속에 간직하여 아직 발표하지 않은 생각. 속배포.

壤 양

뜻 : 흙덩이, 땅, 경작지
부수 : 土(흙 토)
획수 : 총 20획
토양(土壤) : 흙.
천양지차(天壤之差) : 하늘과 땅 사이와 같이 엄청난 차이.

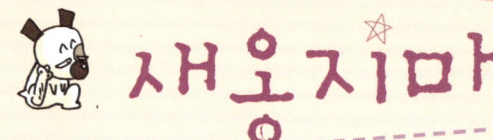

 변방 새, 막힐 색　 늙은이 옹　 갈 지　馬 말 마

살다 보면 누구에게나 안 좋은 일이 생깁니다. 하지만 안 좋은 일이 있으면 좋은 일도 있게 마련입니다. 세상의 모든 것은 끊임없이 변하니까요. 그래서 변방 노인의 말처럼 화와 복을 번갈아 가며 가져다주지요.

예상치 못한 반전

옛날 중국 북방의 요새 근처에 점을 잘 치는 노인이 살았습니다.

언젠가 이 노인이 키우던 말이 오랑캐 땅으로 달아나 버렸습니다. 마을 사람들이 그 얘기를 듣고 찾아와 위로하자, 노인은 별로 애석해하는 기색도 없이 태연하게 말했습니다.

"이 일이 오히려 복이 될지 누가 알겠소."

몇 달이 지난 어느 날, 그 말이 오랑캐의 준마를 데리고 돌아왔습니다. 마을 사람들은 정말 다행이라며 축하해 주었습니다. 하지만 노인은 조금도 기쁜 기색 없이 오히려 이렇게 말했습니다.

"이 일이 화가 될지 또 누가 알겠소."

어느 날, 말 타기를 좋아하던 노인의 아들이 그 말을 타다가 떨어져 다리가 부러졌습니다. 사람들이 찾아와 위로했지만, 노인은 이번에도 태연했습니다.

"사람 일은 알 수가 없는 거요. 이게 복이 될지도 모르니까."

한 해 뒤, 오랑캐가 한꺼번에 침입해 왔습니다. 마을 장정들은 싸움터에 불려 나가 대부분 전사했습니다. 하지만 노인의 아들은 절름발이였던 탓에 끌려 나가지 않고 무사했다고 합니다.

1988년 서울 올림픽과 민주화 운동

1980년, 쿠데타로 권력을 장악한 전두환 정권은 시민의 저항을 누르고 정권을 안정시키기 위해 올림픽을 유치하려고 애썼습니다. 선거를 치르고 제5공화국을 출범시켰지만, 저항하는 세력이 많아서 정권이 여전히 불안했으니까요. 결국 1981년 국제올림픽위원회 총회에서 서울이 개최지로 확정되었습니다. 그 뒤 정부는 올림픽의 성공적 개최를 내세워 민주화 운동을 억압했습니다. 하지만 민주화 열망은 좀처럼 사그라지지 않았고, 올림픽 때문에 세계의 주목을 받게 된 정부는 함부로 탄압 할 수도 없었습니다. 그 덕분에 민주화 운동은 점점 활발해져, 결국 1987년 6월 항쟁으로 발전했습니다. 민주화 운동을 억누르려고 유치한 올림픽이 塞翁之馬 □□□□ 처럼 오히려 민주화에 큰 도움이 되었던 것입니다.

욕심 부린 죄

엄마 : 호연이는 왜 저리 우당탕 뛰어다닌다니?

지혜 : 설사 났대요.

엄마 : 뭘 먹고 설사가 났어?

지혜 : 부엌에 있던 만두요.

엄마 : 그거 오래돼서 버리려고 놔둔 건데?

지혜 : 쯧쯧. 그것도 모르고 내가 먹으려던 것까지 다 뺏어 먹었으니…….

엄마 : 호연이한테 뺏겨서 넌 오히려 다행이구나.

지혜 : 그러게 말예요. 이게 바로 塞翁之馬 □□□□ 인가 봐요.

 ## 말, 조랑말, 노새

말목, 말과에 속하는 젖먹이 동물인 말은 개나 소에 비해 늦게 길들여졌습니다. 처음에는 주로 고기를 먹으려고 길렀지만, 차츰 밭갈이나 운송 수단, 탈것으로 이용했습니다. 말 중에서 특히 어깨 높이가 140센티미터 이하인 작은 말을 조랑말이라고 부릅니다. 조랑말의 본래 고향은 중앙아시아의 초원 지대로, 몽골 인들이 타

〈제주조랑말〉

는 몽골말과 제주조랑말의 조상도 그곳에서 살던 야생말이라고 합니다. 한편, 주로 짐수레를 끄는 노새는 말과 당나귀 사이에서 태어난 잡종 말입니다. 매우 튼튼하고 거친 먹이도 잘 먹으며, 몸집에 비해 힘이 세서 지금도 짐 운반에 널리 쓰입니다. 이 세 가지 중 새옹지마에 나오는 노인이 기르던 말은 아마 조랑말이었을 것입니다.

塞 새, 색
뜻 : 변방, 요새, 막히다, 막다
부수 : 土(흙 토)
획수 : 총 13획
요새(要塞) : 국방상 중요한 곳에 건설한 군사 방어 시설.
경색(梗塞) : 소통되지 못하고 막힘.

翁 옹
뜻 : 늙은이, 어르신네, 아비
부수 : 羽(깃 우)
획수 : 총 10획
옹고(翁姑) : 시아버지와 시어머니.
옹주(翁主) : 조선 시대에 임금의 후궁에게서 난 딸을 이르던 말.

之 지
뜻 : 가다, ~의, 이것, 그것
부수 : 丿(삐침)
획수 : 총 4획
지자(之子) : 이 애. 이 사람.
지동지서(之東之西) : 동으로 갔다 서로 갔다 함.

馬 마
뜻 : 말
부수 : 馬(말 마)
획수 : 총 10획
마구(馬具) : 말을 부리는 데 쓰는 기구.
백마(白馬) : 털빛이 흰 말.

세상의 이치

꿈처럼 덧없는 게 있을까요? 꿈속에서는 뭐든지 할 수 있고 온갖 일이 벌어지지만, 깨고 나면 그것처럼 허망한 것도 없습니다. 남가일몽은 그처럼 덧없는 부귀영화나 이루어지기 어려운 헛된 꿈을 가리킬 때 쓰는 말입니다.

순우분의 꿈

당나라 때 순우분이란 사람이 어느 날 술에 취해 큰 홰나무 밑에서 깜박 잠이 들었는데, 어디선지 낯선 사람들이 나타나 말했습니다.

"저희는 괴안국의 사신인데, 저희 임금님의 명을 받고 대인을 모시러 왔습니다."

순우분이 사신을 따라 홰나무 구멍 속으로 들어가니 커다란 성문이 나타났습니다. 성문에는 금빛 글자로 괴안국이라고 쓰인 현판이 걸려 있었고, 그 앞에 임금이 마중 나와 있었습니다. 순우분은 부마가 되어 궁궐에서 호사를 누리다가 태수 벼슬을 받아 남가군이라는 곳을 다스렸습니다.

그 무렵 단라국이라는 나라가 괴안국에 쳐들어왔습니다. 괴안국 군대는 용감히 맞서 싸웠지만 강한 단라국 군대에 패하고 말았습니다. 설상가상으로 아내까지 병으로 죽어, 순우분은 관직을 버리고 서울로 돌아왔습니다. 얼마 후 임금이 순우분을 부르더니 이제 고향으로 돌아가라고 말했습니다. 그 순간 순우분은 문득 잠에서 깨었고 그때까지의 모든 일이 꿈이었다는 걸 알았습니다.

순우분은 일어나서 홰나무 밑동을 자세히 살펴보았습니다. 거기에는 개미구멍이 하나 있었고, 안에는 왕개미를 둘러싼 큰 개미 무리가 있었습니다. 순우분이 살았던 괴안국은 다름 아닌 그곳이었던 것입니다.

히틀러의 헛된 꿈

1933년 선거로 수상이 된 독일의 히틀러는 이듬해에는 총통이 되어 완전히 정권을 장악했습니다. 그 뒤 히틀러와 나치당은 거리낌 없이 독재 정치를 펼쳤습니다. 여러 평화 조약을 깨뜨리며 군사력을 크게 키우는가 하면, 국가와 민족의 영광을 부르짖으며 이웃 나라에 대한 침략 야욕을 드러내기 시작했습니다. 그러더니 1939년 폴란드를 침략하면서 끝내 유럽 정복의 길에 나섰습니다. 독일군은 승승장구하며 한때 유럽의 대부분을 짓밟았습니다. 하지만 소련에 참패하고 미국이 참전하면서 히틀러의 야욕도 꺾이기 시작했습니다. 1945년 연합국이 독일 본토마저 점령하자, 히틀러는 자살을 했습니다. 그리하여 세계를 정복하려던 히틀러와 나치 독일의 야망은 한갓 南柯一夢 ☐☐☐☐ 으로 끝나고 말았습니다.

새해 소원

엄마 : 새해를 맞이하는데 소원 하나씩 말해 볼까?
승환 : 승민이와 사이좋게 지내고 싶어요.
승민 : 저는 컴퓨터 한 대 더 샀으면 좋겠어요.
엄마 : 컴퓨터가 있는데 또 사?
승민 : 형이 컴퓨터를 독차지해서 나는 게임도 못 하잖아요.
승환 : 내가 언제 그랬어, 바보야!
승민 : 만날 그랬잖아, 멍청아!
엄마 : 올해 새해 소원도 다 南柯一夢 ☐☐☐☐ 이겠군.

 ## 사회를 이루고 사는 개미

〈애벌레를 돌보는 개미〉

개미는 많은 수가 무리를 짓고 살며, 특이하게도 사람처럼 사회를 이루고 분업을 합니다. 개미는 태어날 때부터 몇 가지 계급으로 나뉘어 있습니다. 그래서 하는 일도 각각 다릅니다. 이를 테면 무리에 하나밖에 없는 여왕개미는 가장 높은 계급으로 무리의 우두머리이며, 평생 알 낳는 일만 합니다. 우두머리답게 몸집이 가장 크고, 수명도 10년이나 됩니다. 수개미는 여왕개미와 달리 여러 마리가 있습니다. 다른 일은 거의 하지 않고 짝짓기에만 신경 쓰는데, 한 해에 한 번 짝짓기를 하고 죽어 버립니다. 반면에 일개미는 죽을 때까지 일만 합니다. 집 짓기, 먹이 구하기, 여왕개미와 애벌레 돌보기 같은 일이 다 일개미의 몫입니다. 일개미 중에서도 특히 병정개미들은 적과 싸우는 일을 맡아 합니다.

南 남
뜻 : 남녘, 남쪽
부수 : 十(열 십)
획수 : 총 9획
남부(南部) : 어떤 지역의 남쪽 부분.
남극(南極) : 지구의 자전축을 연장할 때, 천구와 마주치는 남쪽 점.

柯 가
뜻 : 가지, 줄기, 메밀잣밤나무
부수 : 木(나무 목)
획수 : 총 9획
횡가(橫柯) : 가로로 벋은 나뭇가지.
교가(交柯) : 서로 엇갈린 나뭇가지.

一 일
뜻 : 하나, 첫째, 오로지
부수 : 一(한 일)
획수 : 총 1획
일심동체(一心同體) : 한마음 한 몸. 곧, 서로 굳게 결합함.
일치(一致) : 서로 어긋나지 않고 꼭 맞음.

夢 몽
뜻 : 꿈, 공상, 꿈꾸다
부수 : 夕(저녁 석)
획수 : 총 14획
악몽(惡夢) : 나쁜 꿈. 불길하고 무서운 꿈.
몽상(夢想) : 꿈을 꾸듯 헛된 생각을 함.

| 虎 범호 | 死 죽을사 | 留 머무를유 | 皮 가죽피 |
| 人 사람인 | 死 죽을사 | 留 머무를유 | 名 이름명 |

짐승이 죽으면 주검밖에 안 남습니다. 하지만 사람은 생명이 꺼진 뒤에도 행적이나 명예가 계속 남습니다. 그래서 어떤 이들은 왕언장처럼 명예를 위해 목숨을 버리기도 합니다. 호사유피인사유명은 이처럼 명예와 신의의 중요성을 강조할 때 쓰는 말입니다.

명예를 위해 바친 목숨

당나라가 멸망하고 이어진 오대십국 시대에 왕언장이라는 장수가 있었습니다. 양나라 사람인 그는 우직한 데다 명예를 대단히 소중히 여기는 사람이었습니다. 싸움터에 나가면 늘 쇠창을 들고 용감히 싸워서 쇠창 왕이라고 불리기도 했습니다.

어느 해인가 이웃 진나라가 쳐들어왔을 때였습니다. 왕언장은 군대를 이끌고 싸움터에 나가 용감히 싸웠습니다. 하지만 막강한 진나라 군대를 당하지 못하고 크게 패한 뒤 그 책임으로 파면까지 당했습니다.

이듬해 진나라가 이름을 후당(後唐)으로 바꾸고 다시 공격해 왔습니다. 양나라의 임금은 왕언장을 다시 장수로 기용했습니다. 하지만 그는 또다시 패하여 포로로 잡혔습니다. 후당의 임금은 왕언장의 사람 됨됨이와 용맹함을 아깝게 여겨, 자기 부하가 되면 살려 주겠다고 했습니다. 하지만 왕언장은 단호히 거절했습니다.

"아침에 양나라를 섬기다가 저녁에는 후당을 섬기는 일은 절대 없을 것이오."

결국 왕언장은 명예를 더럽히지 않고 꿋꿋하게 죽음을 선택했습니다. '호랑이는 죽어서 가죽을 남기고, 사람은 죽어서 이름을 남긴다.'는 자신의 좌우명을 그대로 실천한 것입니다.

5·18 민주화 운동의 시민군 윤상원

1980년 5월, 광주에서는 군사 반란으로 권력을 쥔 군사 정부에 반대하여 시민들이 저항 운동을 벌였습니다. 전두환이 이끄는 신군부는 계엄군을 보내 시민들을 무자비하게 짓밟았습니다. 시민들은 시민군을 만들어 저항했지만, 탱크를 앞세운 계엄군을 당할 수는 없었습니다. 5월 27일 새벽, 전남 도청에서 마지막 시민군이 학살당하면서 저항은 막을 내렸습니다. 윤상원은 시민군을 이끌고 끝까지 도청을 지킨 사람이었습니다. 그는 계엄군의 공격으로 목숨이 위태로운 순간에도 이렇게 말했다고 합니다. "오늘 우리가 진다고 해도 영원히 패배하진 않을 것입니다." 비록 윤상원은 죽었지만, 虎死留皮人死留名 □□□□□□□□ 이라는 말처럼 그의 이름은 민주주의의 역사에 길이 남을 것입니다.

아이스크림 범인

철수: 누나, 냉장고에 있던 아이스크림 못 봤어?

영희: 무슨 아이스크림?

철수: 어제저녁에 반만 먹고 넣어 놨는데?

영희: 몰라, 못 봤어.

철수: 虎死留皮人死留名 □□□□□□□ 이라고 했어. 이름을 명예롭게 남기고 싶으면 거짓말은 안 하는 게 좋을걸?

엄마: 누가 이름을 더럽히는지 모르겠구나. 어젯밤에 네가 남은 아이스크림 박박 긁어 먹는 거 내가 다 봤는데 말이야.

철수: 엉? 언제 봤어요?

오대십국(五代十國)

중국 역사에서 당나라가 멸망한 907년부터 송나라가 전국을 통일한 979년까지 약 70년에 걸친 시대를 말합니다. 이 시대에는 여러 왕조가 세워졌다 멸망하기를 되풀이했는데, 그 가운데 화북 지방을 중심으로 일어난 양(梁), 당(唐), 진(晉), 한(漢), 주(周)의 다섯 왕조를 오대라고 부릅니다. 역사가들은 이 왕조들을 앞선 시대의 왕조들과 구별하기 위해 나라 이름 앞에 후(後)자를 붙이기도 합니다. 십국은 그 밖의 지역에서 일어난 오(吳)·남당(南唐)·오월(吳越)을 비롯해 10개의 지방 왕조를 가리킵니다. 이 무렵 각 왕조의 권력자들은 대부분 군사 반란으로 정권을 쥐었습니다. 그러다 보니 군인을 앞세운 무인 정치가 이어졌습니다. 하지만 그런 가운데서도 인쇄술과 문학, 예술이 발달해 송나라 문화의 바탕이 되었습니다.

虎 호
- **뜻** : 범, 호랑이
- **부수** : 虍(범호밑)
- **획수** : 총 8획
- **호피**(虎皮) : 호랑이 가죽.
- **호환**(虎患) : 사람이나 가축이 호랑이에게 당하는 피해.

死 사
- **뜻** : 죽음, 죽다, 죽이다, 생기 없다
- **부수** : 歹(앙상한 뼈 알)
- **획수** : 총 6획
- **생사**(生死) : 사는 일과 죽는 일. 삶과 죽음.
- **사망**(死亡) : 사람이 죽음.

留 유, 류
- **뜻** : 머무르다, 정지하다, 남기다
- **부수** : 田(밭 전)
- **획수** : 총 10획
- **유학**(留學) : 외국에 머물면서 공부함.
- **정류장**(停留場) : 버스·택시 등이 사람이 타고 내리도록 잠시 머무르는 일정한 장소.

皮 피
- **뜻** : 가죽, 거죽, 껍질
- **부수** : 皮(가죽 피)
- **획수** : 총 5획
- **피혁**(皮革) : 날가죽과 무두질한 가죽의 총칭. 가죽.
- **피부**(皮膚) : 척추동물의 몸을 싸고 있는 조직. 살갗.

人 인
- **뜻** : 사람, 남, 백성, 인품
- **부수** : 人(사람 인)
- **획수** : 총 2획
- **인생**(人生) : 사람이 이 세상에 살아 있는 동안.
- **행인**(行人) : 길 가는 사람.

名 명
- **뜻** : 이름, 공적, 사람, 이름나다, 이름 짓다
- **부수** : 口(입 구)
- **획수** : 총 6획
- **명찰**(名札) : 이름표.
- **명필**(名筆) : 매우 잘 쓴 글씨. 명필가.

어떤 날은 파죽지세로 일이 잘 풀리다가, 어떤 날은 일이 잘 풀리지 않아 계란을 층층이 쌓아 놓은 것처럼 조마조마하기도 해요. 이처럼 일이 되어 가는 모양새를 보여 주는 고사성어에는 어떤 것이 있는지 배워 보세요.

일이 되어 가는 모양새를 보여 주는

고사성어

| 累 묶을 누(루) | 卵 알 란 | 之 갈 지 | 危 위태로울 위 |

달걀을 쌓으면 어떻게 될까요? 모양이 둥글어서 잘 쌓아지지도 않을뿐더러, 어찌어찌해서 쌓아 놓아도 와르르 무너져 깨지기 십상이겠죠? 누란지위란 바로 그처럼 위태로운 상황을 가리킬 때 쓰는 말입니다.

천하의 외교가

중국 춘추 전국 시대, 군주나 유력한 권력자들을 찾아다니며 뛰어난 지식과 말솜씨로 자신의 사상이나 신념을 주장하던 사람들을 세객이라고 불렀는데, 특히 소진이나 장의처럼 합종설이나 연횡설을 주장하는 세객들을 종횡가라고 불렀습니다.

위나라의 범저도 그런 종횡가를 꿈꾸는 사람이었습니다. 하지만 이름도 연줄도 없었던 탓에 기회가 오지 않았습니다. 범저는 궁리 끝에 제나라에 사신으로 가는 수가라는 사람 밑으로 들어갔습니다. 그런데 범저는 제나라에서 능력을 크게 발휘하여 수가보다도 더 주목을 받았습니다. 이에 기분이 상한 수가는 귀국하자마자 범저가 제나라와 내통하고 있다고 모함했고, 범저는 감옥에 갇히고 말았습니다. 하지만 옥졸을 설득해 탈옥한 뒤, 이름을 장록이라 바꾸고 후원자인 정안평의 집에 숨었습니다. 그러던 중 진나라에서 사신이 오자, 정안평의 소개로 사신을 따라 진나라로 망명했습니다. 사신은 진나라 소양왕에게 범저를 이렇게 소개했습니다.

"장록은 천하의 외교가입니다. 선생은 진나라의 정치를 알을 쌓아 놓은 것보다 위태롭다고 평하며, 자신을 기용하면 나라와 백성이 평안해질 것이라고 하옵니다."

소양왕은 범저를 신뢰하여 벼슬을 내리고 나랏일을 돌보게 했습니다. 범저는 자기가 생각한 정책을 펼치며 진나라의 발전에 크게 이바지했다고 합니다.

서울을 버리고 도망친 선조

1592년 4월 13일, 일본은 명나라를 치러 가는 길을 빌린다는 명목으로 조선을 침략합니다. 일본군은 불과 이틀 만에 부산성과 동래성을 함락하고 파죽지세로 서울을 향해 진격했습니다. 조정에서는 이일과 신립을 파견해 일본군의 진격을 막으려고 했지만 소용이 없었습니다. 그리하여 전쟁이 벌어진 지 20일도 채 안 돼 서울이 일본군의 위협을 받게 되었습니다. 다급해진 선조와 대신들은 서울을 버리고 피난길에 나섰고, 백성들은 절망에 빠졌습니다. 평양으로 간 선조 일행은 일본군이 그곳마저 위협하자 다시 국경 근처 의주까지 도망쳤습니다. 임금이 도읍을 버리고 자칫하면 제 나라까지 떠날 처지가 된 조선은 그야말로 累卵之危 □□□□ 의 상황이 되었습니다.

무슨 재미로 살아?

아빠: 여보, 제발 용돈 좀 올려 줘. 점심 사 먹고 나면 쓸 게 없잖아.

엄마: 그러니 누가 담배 피우고 술 마시래요?

아빠: 술·담배까지 끊으면 무슨 재미로 살라고?

엄마: 집에 일찍 들어오면 재미있을 거예요.

아빠: 일찍 와서 당신 바가지며 아이들 등쌀에 시달리라고?

엄마: 그게 다 살아가는 재미 아니겠어요?

아빠: 그게 재미라니, 흑흑. 아무래도 지금 내 인생은 累卵之危 □□□□ 인 것 같구나.

담력이 세야 했던 세객

'세객(說客)'의 '세'는 말한다는 뜻의 글자입니다. 따라서 세객이란 뛰어난 말솜씨로 자기 또는 자기가 속한 집단의 주장을 설파하고 다니는 사람을 가리킵니다. 유명한 세객으로는 소진과 장의, 순우곤 등을 꼽을 수 있으며, 여러 나라 군주를 찾아다니며 왕도 정치를 설득한 맹자도 세객이라 할 수 있습니다. 세객은 두 부류로 나누어 볼 수 있습니다. 군주들에게 부국강병의 방도를 설명하면서 자신의 국가 경영 철학을 실현하려고 애쓴 사람들이 그 하나로, 맹자가 대표적입니다. 또 한 부류는 뛰어난 말재주로 외교관 역할을 하던 사람들인데, 소진과 장의, 촉나라의 사신으로 활약한 등지 등이 여기에 속합니다. 세객들은 어지러운 전쟁 시기에 온갖 권력자들을 상대해야 했으므로 말솜씨뿐만 아니라 담력과 배짱도 보통 사람보다 뛰어나야 했습니다.

累 누, 루
- **뜻** : 묶다, 거듭하다, 포개다, 폐를 끼치다
- **부수** : 糸(실 사)
- **획수** : 총 11획
- **누적**(累積) : 포개져서 쌓임. 포개어 쌓음.
- **누차**(累次) : 여러 차례. 여러 차례에 걸쳐.

卵 난, 란
- **뜻** : 알, 기르다
- **부수** : 卩(병부절방)
- **획수** : 총 7획
- **계란**(鷄卵) : 닭의 알. 달걀.
- **난자**(卵子) : 성숙한 난세포. 정자를 만나면 수정이 이루어짐.

之 지
- **뜻** : 가다, ~의, 어조사
- **부수** : 丿(삐침)
- **획수** : 총 4획
- **맹모삼천지교**(孟母三遷之敎) : 맹자의 어머니가 맹자의 교육을 위해 세 번이나 이사를 한 가르침.
- **지동지서**(之東之西) : 동으로 갔다 서로 갔다 함.

危 위
- **뜻** : 위태롭다, 두려워하다
- **부수** : 卩(병부절방)
- **획수** : 총 6획
- **위기**(危機) : 위험한 고비. 위험한 경우.
- **위구심**(危懼心) : 염려하고 두려워하는 마음.

 깨뜨릴 **파**  대 **죽**  갈 **지**   형세 **세**

대나무를 쪼개 보았나요? 대나무를 세워 놓고 칼로 치면 결대로 쭉쭉 시원스럽게 갈라집니다. 파죽지세란 그렇게 대나무를 쪼갤 때와 같은 힘찬 기세를 말합니다. 중국 삼국 시대를 끝낸 진나라의 군대가 바로 그랬다지요?

최초로 중국을 통일한 진나라

　서기 265년, 위나라의 사마염은 원제를 몰아내고 스스로 황제가 되었습니다. 사마염은 자신을 무제라 일컫고, 나라 이름을 진이라고 칭했습니다. 그리하여 중국은 이 진나라와 삼국 중 유일하게 남은 오나라가 맞서는 형세가 되었습니다.

　4년 뒤, 무제는 오나라를 치려고 진남대장군 두예에게 출병을 명했습니다. 원정에 나선 진나라군은 이듬해 2월에 무창을 점령했습니다. 그 직후, 두예는 휘하 장수들을 불러 마지막 작전을 논의했는데, 회의 중 한 장수가 이렇게 말했습니다.

　"지금 오나라의 도읍을 공격하기는 어렵습니다. 곧 우기가 닥쳐 강물이 넘칠 것이고, 그러면 전염병이 돌기 쉽습니다. 그러니 일단 물러났다가 겨울에 공격하는 것이 어떻겠습니까?"

　하지만 두예는 단호했습니다.

　"지금 아군의 사기는 '대나무를 쪼개는 기세'와 같소. 대나무란 처음 두세 마디만 쪼개면 나머지는 칼날이 닿기만 해도 갈라지는 법이오. 그러니 어찌 여기서 멈출 수 있겠소."

　두예는 계속 진격하여 오나라의 도읍 건업을 점령했습니다. 얼마 뒤 오나라 왕이 항복함에 따라 진나라는 삼국 시대에 종지부를 찍고 천하를 통일했습니다.

일이 되어 가는 모양새

포먼과 알리의 '정글 속의 혈투'

1968년 멕시코 올림픽 금메달리스트인 조지 포먼은 1973년 조 프레이저를 물리치고 세계 헤비급 챔피언이 됩니다. 그리고 두 명의 도전자를 잇달아 케이오로 물리쳤습니다. 그때까지 포먼의 성적은 40전 40승 37케이오로 정말 무시무시했습니다. 포먼의 이런 破竹之勢 □□□□를 막아 낼 선수는 아무도 없을 것 같았습니다. 그래서 서른 살이나 된 옛 챔피언 무하마드 알리가 포먼에게 도전하자, 사람들은 대부분 포먼이 쉽게 케이오로 이길 것이라고 예상했습니다. 하지만 결과는 정반대였습니다. 알리는 초반에 도망 다니며 포먼의 힘을 뺀 뒤, 8회전에 번개 같은 역습으로 포먼을 쓰러뜨려 세계를 경악시켰습니다. 아프리카 우간다에서 벌어진 이 경기를 사람들은 '정글 속의 혈투'라고 불렀습니다.

연승과 연패

아빠 : 은하야, 내일 아빠하고 야구장 가자.
은하 : 싫어요. 요새 야구 재미없어요.
아빠 : 왜? 요새 베어스가 7연승 중인데?
은하 : 베어스는 아빠가 응원하는 팀이잖아요.
아빠 : 어? 너는 다른 팀 응원했던가?
은하 : 제 응원 팀은 요새 5연패 중인 라이온스랍니다.
아빠 : 아, 그랬지?
은하 : 하필이면 이때 破竹之勢 □□□□로 연승 중인 베어스와 붙게 돼서 짜증만 난다고요!

 ## 대나무는 나무일까, 풀일까?

나무와 풀의 차이점은 무엇일까요? 먼저 나무는 나이테가 있지만 풀은 없습니다. 나이테는 겉껍질 안쪽에서 부름켜가 계속 자라 줄기가 굵어지면서 생기는데, 풀줄기에는 부름켜가 없습니다. 풀줄기가 굵기는 그대로인 채 키만 자라는 건 바로 그 때문입니다. 또한 나무줄기는 딱딱한 물질, 곧 목질로 되어 있지만, 풀은 그렇지 않습니다. 게다가 나무는 여러 해 동안 사는 반면, 풀은 한두 해만 살고 죽습니다. 그러면 대나무는 어디에 속할까요? 대나무는 두 가지의 성질을 가지고 있지만, 부름켜가 없어서 부피 성장을 못한다는 점에서 풀에 더 가깝다고 보는 사람이 많습니다.

〈대나무〉

破 파

뜻 : 깨뜨리다, 쪼개다, 흩뜨리다, 깨지다
부수 : 石(돌 석)
획수 : 총 10획
파괴(破壞) : 깨뜨리어 헐어 버림.
격파(擊破) : 단단한 물체를 손이나 발 따위로 쳐서 깨뜨림. 세력을 쳐서 무찌름.

竹 죽

뜻 : 대
부수 : 竹(대 죽)
획수 : 총 6획
죽순(竹筍) : 대의 땅속줄기에서 돋아나는 어리고 연한 싹.
죽부인(竹夫人) : 대나무를 잘라 길고 둥글게 얼기설기 엮어 만든 기구로 여름밤에 서늘한 기운이 돌게 하기 위하여 끼고 자는 것.

之 지

뜻 : ~의, 가다, 이것
부수 : ノ(삐침)
획수 : 총 4획
맹모삼천지교(孟母三遷之敎) : 맹자의 어머니가 맹자의 교육을 위해 세 번이나 이사를 한 가르침.
지동지서(之東之西) : 동으로 갔다 서로 갔다 함.

勢 세

뜻 : 형세, 권세, 기세
부수 : 力(힘 력)
획수 : 총 13획
세력(勢力) : 남을 복종시키는 기세와 힘.
정세(情勢) : 일이 되어 가는 사정과 형세.

捷 빠를 첩   **徑** 지름길 경

먼 곳을 갈 때 시간과 힘을 아끼는 방법은 지름길로 가는 것입니다. 첩경은 그처럼 빨리 갈 수 있는 길을 뜻합니다. 하지만 보통은 어떤 목표에 가장 쉽게 도달할 수 있는 방법이나 수단을 말합니다.

종남산 지름길

중국 당나라 때는 불교와 도교의 영향으로 속세를 떠나 은둔하는 게 유행했습니다. 그것은 선비들도 마찬가지여서, 과거에 합격해 관리가 되려는 이들만큼이나 은둔 생활을 택하는 사람이 많았습니다.

그 무렵 노장용이라는 선비가 있었습니다. 노장용은 조정에 들어가 관직 생활을 하고 싶었지만, 과거 시험이 쉽지 않아 뜻대로 할 수 없었습니다.

노장용은 서울인 장안에서 가까운 종남산에 들어갔습니다. 종남산은 예부터 도사들이며 이름 높은 고승들이 많은 곳이었습니다. 그 때문인지 몇 년 뒤 노장용은 학식이 뛰어난 사람으로 인정받았고, 기다리던 벼슬까지 얻을 수 있었습니다.

그 뒤 역시 종남산에 있던 사마승정이라는 사람이 조정의 부름을 받았습니다. 그러나 사마승정은 정말로 관직에 뜻이 없었습니다. 그래서 벼슬자리를 거절하고 산으로 돌아가게 되었는데, 이때 그를 배웅한 사람은 다름 아닌 노장용이었습니다. 노장용은 성 밖까지 나와 멀리 보이는 종남산을 가리키며 말했습니다.

"참 좋은 산이지요."

그러자 사마승정은 비꼬듯이 이렇게 말했다고 합니다.

"내가 보기에는 관리가 되는 첩경일 뿐이구려."

골드러시와 포티나이너

골드러시(gold rush)란 금이 새로 발견된 곳으로 사람들이 마구 몰려드는 것을 말합니다. 이런 현상은 세계 역사에서 자주 일어났지만, 이 말은 특히 19세기 미국에서 있었던 일을 가리킵니다. 1848년 1월 24일 캘리포니아 주 수티스밀에서 금이 발견됐다는 소식이 퍼지자, 그 이듬해인 1849년에 약 8만 명이 금광을 찾아 캘리포니아로 모여들었습니다. 이 사람들을 흔히 '포티나이너(fortyniner)', 곧 '49년의 사람들'이라고 부릅니다. 1886년에는 알래스카에서 금이 발견되자 그곳으로 수많은 사람이 몰려갔습니다. 그 사람들은 대부분 가난한 남자였는데, 그것은 당시에는 금광을 찾는 것이 가진 것 없고 특별한 능력 없이도 부자가 될 수 있는 捷徑 ☐☐ 이었기 때문이었답니다.

키 빨리 크기

성재 : 승환아, 집에 안 가니?

승환 : 농구 좀 더 하고.

성재 : 벌써 한 시간이나 했잖아.

승환 : 키 크려면 이 정도로는 안 된다니까.

성재 : 그런다고 키가 크겠니?

승환 : 농구를 열심히 하는 게 키 크는 捷徑 ☐☐ 이라는 거 몰라?

성재 : 하지만 그렇게 무리하는 건 키 안 크는 捷徑 ☐☐ 일걸.

과거 제도

과거 제도가 맨 처음 시작된 것은 중국 수나라 문제 때인 서기 587년입니다. 그 이전인 한나라 때에도 시험을 봐서 관리를 뽑는 제도는 있었습니다. 하지만 그것은 능력이 우수하거나 품행이 좋다고 추천받은 사람들만 치를 수 있는 시험이었기 때문에 그다지 공정하지 못했습니다. 그 뒤 삼국 시대 위나라에서 시행한 제도인 구품중정법도 마찬가지였습니다. 실력이나 능력이 아니라 특정한 사람들의 추천과 성품이라는 모호한 요소를 기준으로 뽑았기 때문에 힘 있는 귀족들이 관직을 독차지하는 일이 벌어졌습니다. 이에 수나라 때는 귀족들의 힘을 누르고 뛰어난 인재를 뽑기 위해 공평한 시험을 치러 오직 재능에 따라 합격자를 가리는 과거 제도가 만들어졌습니다. 당나라의 과거 제도는 수나라의 것을 거의 그대로 이어받은 것입니다.

捷 첩
뜻 : 빠르다, 이기다
부수 : 扌(=手, 재방변)
획수 : 총 11획
민첩(敏捷) : 동작·이해·판단 따위가 재빠르고 날쌤.
대첩(大捷) : 크게 이김.

徑 경
뜻 : 지름길, 지름, 지나다
부수 : 彳(두인변)
획수 : 총 10획
반경(半徑) : 반지름.
구경(口徑) : 원통 모양으로 된 물건의 아가리의 지름.

눈을 비비고 다시 봐야 하니

괄목상대

눈을 비비고 상대를 다시 본다는 뜻입니다. 예전에 보았던 사람이 학식이나 능력, 재주가 몰라보게 발전해서 깜짝 놀랄 정도인 상황을 말할 때 흔히 쓰는 말입니다.

오나라의 여몽

중국 삼국 시대, 오나라 왕인 손권의 신하 중에 여몽이라는 장수가 있었습니다. 여몽은 본래 무식한 졸병에 불과했지만, 전쟁에 나갈 때마다 공을 세워 장군에까지 올랐습니다.

어느 날, 여몽을 무척 아끼던 손권이 그에게 학문을 익히라고 충고했습니다. 장군까지 됐지만 무식한 게 평생 한이었던 여몽은 손권의 충고를 받아들여 열심히 공부했습니다. 위험한 전쟁터에서도 손에서 책을 놓지 않을 정도였지요.

한편 여몽의 친한 친구로 노숙이라는 사람이 있었습니다. 여몽과는 반대로 학식이 뛰어난 노숙은 어느 날 여몽을 찾아와 얘기를 나누다가 깜짝 놀랐습니다. 여몽이 그 전과는 비교할 수 없을 만큼 박식해졌기 때문이었습니다.

"자네, 언제 그렇게 공부를 했나? 오늘 보니 예전에 오나라 시골 구석에 있던 그 여몽이 아니네그려."

그러자 여몽은 이렇게 대답했습니다.

"무릇 선비란 헤어진 지 사흘이 되면 눈을 비비고 다시 봐야 할 정도로 달라져야 하는 법이라네."

 ## 덩샤오핑과 중국의 경제 발전

중국은 넓은 영토와 14억이나 되는 어마어마한 인구를 가진 큰 나라입니다. 하지만 1970년대까지는 인구에 비해 경제력은 보잘것없었습니다. 일인당 국민소득이 불과 몇 백 달러밖에 안 될 정도였으니까요. 하지만 덩샤오핑이 권력을 쥐고 개혁과 개방을 시작한 1980년대부터 엄청난 속도로 발전하기 시작했습니다. 그래서 30년 가까이 지난 지금은 세계 4위의 경제 대국이 되었고, 일인당 국민소득도 3,000달러에 가까워졌습니다. 수출 액수와 외환 보유액은 이미 세계 1위의 자리를 지키고 있습니다. 이런 속도로 계속 발전하면 2050년에는 미국을 제치고 세계 최고의 강대국이 될 거라고 합니다. 덩샤오핑의 과감한 정책이 30년 뒤에 이처럼 刮目相對 □□□□ 할 만한 나라를 만든 것입니다.

 ## 훌라후프의 명수

지혜 : 엄마, 지금 뭐 하는 거예요?

엄마 : 보면 모르니? 훌라후프 돌리잖아.

지혜 : 어떻게 다섯 개를 한꺼번에 돌릴 수 있어요?

엄마 : 뭐 그 정도 가지고.

지혜 : 지난주만 해도 한 개밖에 못 돌렸잖아요. 그것도 간신히.

엄마 : 연습해서 안 되는 게 어디 있니? 일주일만 더 하면 열 개도 돌리겠다.

지혜 : 정말 刮目相對 □□□□ 라고밖에는…….

 ## 눈을 깜빡이는 까닭

사람은 정상적인 경우라면 1분에 6~30번 정도 눈을 깜빡입니다. 이렇게 자주 눈을 깜빡이는 것은 눈을 보호하기 위해서입니다. 뭔가 들어오거나 자극을 받으면 눈이 알아서 눈꺼풀을 닫는 것이지요. 눈꺼풀은 눈의 손상을 막는 보호막인 셈입니다. 또한 눈을 깜빡이는 동안에 눈물이 조금씩 스며 나와 눈동자를 닦아 주고 촉촉하게 유지해 줍니다. 만약 눈꺼풀이 제 할 일을 못 하거나 눈에 들어오는 자극이 너무 심하면 다래끼가 생기기도 합니다. 다래끼는 눈에 들어온 해로운 균과 원래 눈 속에 있던 이로운 균이 서로 싸우다가 염증을 일으킨 것입니다. 그 밖에도 마음이나 정신적인 변화 때문에 눈을 깜빡이기도 한다고 합니다.

刮 괄
뜻 : 비비다, 긁다, 닦다
부수 : 刂(=刀, 선칼도방)
획수 : 총 8획
괄삭(刮削) : 깎아 냄.
괄마(刮磨) : 갈아서 윤이 나게 함.

目 목
뜻 : 눈, 제목, 보다
부수 : 目(눈 목)
획수 : 총 5획
목적(目的) : 일을 이루려고 하는 목표나 나아가는 방향.
안목(眼目) : 사물을 보고 분별하는 견식. 보는 눈.
목격(目擊) : 일이 벌어진 광경을 직접 봄.

相 상
뜻 : 서로, 모양, 정승
부수 : 目(눈 목)
획수 : 총 9획
상호(相互) : 피차가 서로.
수상(首相) : 정부 내각의 우두머리.

對 대
뜻 : 대하다, 대답하다, 상대
부수 : 寸(마디 촌)
획수 : 총 14획
대항(對抗) : 서로 맞서서 버티어 겨룸.
대담(對談) : 마주 대하고 말함.

사면초가

사방에서 들려오는 초나라의 노랫소리

전쟁터에서 지치고 사기가 떨어져 있을 때 고향의 노래를 들으면 어떨까요? 더구나 적군에게 완전히 포위당한 채 말이죠. 한나라 유방과 싸우던 항우의 초나라 병사들이 바로 그랬다는군요. 어떤 사정인지 2천2백 년 전 중국으로 가 볼까요?

고도의 심리전

초나라의 항우와 한나라의 유방이 중국의 패권을 놓고 싸울 때의 일입니다. 두 사람은 4년 동안 싸운 끝에, 항우의 제의에 따라 천하를 둘로 나누고 휴전하기로 했습니다. 그에 따라 항우는 초나라의 도읍인 팽성으로 철군 길에 올랐습니다. 그런데 유방의 참모인 장량과 진평이 유방을 꼬드겼습니다.

"폐하는 이미 천하의 절반을 얻으셨습니다. 하지만 지금 지칠 대로 지친 초나라 군사를 치면 천하를 전부 손에 넣으실 수 있을 것입니다."

유방은 그 말을 받아들여 항우를 추격하라고 명했습니다. 그리하여 한나라의 대군이 항우의 군대를 따라가 해하에서 겹겹이 포위했습니다. 장량은 항복한 초나라 군사들에게 한밤중에 고향 노래를 부르게 하여 심리전을 펼쳤습니다.

항우의 군사들은 수가 많이 준 데다 식량까지 떨어져서 사기가 말이 아니었습니다. 그런 데다 밤마다 초나라의 노랫소리가 들려오자 아예 싸울 의지를 잃고 너도나도 도망치기 시작했습니다. 놀란 건 항우도 마찬가지였습니다.

"이게 어찌 된 일인가? 한나라가 벌써 초나라를 점령했다는 말인가?"

절망한 항우는 부하들과 마지막 술자리를 가졌습니다. 항우의 애인 우희는 자결했고, 항우는 불과 800명의 병사를 이끌고 싸우다 스스로 목숨을 끊고 말았습니다.

 ## 무시무시한 태풍 '사라'

4·19 혁명 한 해 전인 1959년 9월, 어마어마한 태풍이 한반도를 지나갔습니다. 중심 풍속이 초속 85미터나 되는 무서운 태풍으로, 1904년 이후 관측된 태풍 중 가장 강한 것이었습니다. 이 태풍으로 한반도 남부는 엄청난 피해를 입었습니다. 집과 논밭이 물에 잠기고 도로나 다리 같은 시설이 부서진 것은 물론, 죽거나 실종된 사람이 849명이었고, 이재민은 37만 3459명이나 되었습니다. 추석을 불과 며칠 앞두고 당한 태풍 피해로 온 나라는 슬픔에 빠졌습니다. 가뜩이나 한국 전쟁의 참혹한 피해와 이승만 정권의 독재 정치로 많은 사람이 고통스럽게 살던 때였습니다. 그런 중에 들이닥친 태풍 '사라'로 국민들은 四面楚歌 ☐☐☐☐에 몰리고 말았습니다.

 ## 그놈의 술 때문에

지혜 : 아빠, 또 술 드셨어요?
아빠 : 응, 조금 마셨지. 그런데 왜 여태 안 자고 있니?
지혜 : 오늘 전자 사전 사 온다고 하셨잖아요.
아빠 : 어, 그랬나? 깜빡했네.
호연 : 농구공은요?
아빠 : 아, 미안. 내일 사다 주마.
엄마 : 오늘이 결혼기념일이라는 건 알기나 해요?
아빠 : 아뿔싸! 이거 四面楚歌 ☐☐☐☐로구먼.

힘은 산을 뽑을 듯하고

사면초가에 몰리자 항우는 모든 게 끝났다고 생각하고 마지막 술자리를 열었습니다. 항우의 곁에는 우 미인이라 불리는 애인 '우희'와 명마 '추'가 있었습니다. 항우는 우희와 추를 보며 비통한 이별의 시를 읊었습니다.

힘은 산을 뽑을 듯하고 기운은 세상을 덮을 듯하지만,
상황은 이롭지 않고 추는 가지 않는구나.
추마저 가지 않으니 어찌할거나.
우희여, 우희여, 이를 어찌할거나.

우희도 슬픈 노래로 화답했습니다. 항우와 부하 장수들은 눈물을 줄줄 흘렸습니다. 그런 가운데 우희는 항우의 보검을 가슴에 꽂아 자결하고 말았습니다.

四 사
- **뜻** : 넉, 네 개, 네 번
- **부수** : 口(큰입구몸)
- **획수** : 총 5획
- **사지**(四肢) : 두 팔과 두 다리.
- **사계**(四季) : 봄·여름·가을·겨울의 네 계절.

面 면
- **뜻** : 낯, 면, 탈, 만나다
- **부수** : 面(낯 면)
- **획수** : 총 9획
- **면접**(面接) : 서로 대면하여 만나 봄.
- **면목**(面目) : 얼굴의 생김새. 남을 대하는 낯. 체면. 사물의 모양. 일의 상태.
- **정면**(正面) : 똑바로 마주 보이는 면.

楚 초
- **뜻** : 초나라, 가시나무, 곱다, 우거지다
- **부수** : 木(나무 목)
- **획수** : 총 13획
- **초한지**(楚漢志) : 초나라의 항우와 한나라의 유방의 대결을 그린 중국 고대 소설.
- **청초**(清楚) : 깨끗하고 고움.

歌 가
- **뜻** : 노래, 노래하다
- **부수** : 欠(하품 흠)
- **획수** : 총 14획
- **가수**(歌手) : 노래 부르는 것을 업으로 삼는 사람.
- **가요**(歌謠) : 민요·동요·속요·유행가 등을 통틀어 흔히 이르는 말.

咸 다 함   興 일어날 흥   差 다를 차   使 부릴 사

와야 할 소식이나 사람이 매우 늦거나 아예 깜깜 무소식일 때가 있습니다. 분명히 뭔가 사정이 있어서 그럴 테지만, 기다리는 사람은 초조하고 걱정스러울 수밖에 없지요. 함흥에 간 차사라는 뜻의 이 말은 바로 그런 상황을 비유하는 고사성어입니다.

풀리지 않은 태조의 노여움

조선의 세 번째 임금인 태종 이방원은 두 형제를 죽이고 왕좌를 차지했습니다. 아버지인 태조 이성계는 그런 태종을 못마땅하게 여겨 옥새를 가지고 먼 함흥 땅으로 떠나 버렸습니다. 태종은 옥새도 찾고 아버지도 한양으로 다시 모셔 올 겸 함흥으로 여러 차례 차사(差使: 중요한 임무를 위해 파견하는 사신)를 보냈습니다. 그런데 한 번 떠난 차사들은 돌아올 줄 몰랐습니다. 태조가 그들을 죽이거나 잡아 가뒀기 때문입니다. 사정이 그러하니 태종의 근심은 나날이 깊어 갔습니다.

'이를 어쩌면 좋단 말인가? 아버님의 노여움이 당최 풀리지 않으니······.'

그래도 포기할 수 없어서 어느 날 태종은 신하들에게 다음에는 누가 가겠느냐고 물었습니다. 하지만 목숨이 위태로운 일이라 선뜻 나서는 사람이 없었습니다. 그런 가운데 판중추부사인 박순이 나섰습니다.

"신은 선왕 마마와 생사를 같이한 친구 사이입니다. 저를 보내 주시면 무슨 일이 있더라도 모시고 오겠습니다."

태종은 가능성이 있다고 생각하고 박순을 차사로 임명했습니다. 하지만 그런 박순도 끝내 함흥에서 살아 돌아오지 못했습니다. 이때부터 사람들은 한번 떠난 뒤 돌아오지 않는 사람을 함흥차사라고 불렀다고 합니다.

비운의 탐험가 스콧

남극 탐험에 나선 영국 해군 대령 로버트 팰컨 스콧은 1911년 10월 24일, 대원 11명과 함께 남극점으로 출발했습니다. 하지만 얼마 안 가 썰매가 고장 났고, 조랑말도 죽었으며, 개들은 돌려보내야 했습니다. 할 수 없이 대원들이 직접 썰매를 끌며 갔지만, 결국 7명의 대원은 기지로 되돌아가고 5명만이 계속 전진했습니다. 고난의 행군 끝에 1912년 1월 18일, 81일 만에 남극점에 도달했지만, 거기에는 이미 로알 아문센이 꽂아 놓은 노르웨이 국기가 펄럭이고 있었습니다. 돌아오는 길은 참혹했습니다. 식량과 연료가 부족한 데다 날씨마저 혹독하여 스콧을 비롯한 다섯 명의 대원은 끝내 얼어 죽고 말았습니다. 남극점으로 떠난 뒤 咸興差使 □□□ □ 였던 그들의 주검을 발견한 건 1912년 11월 12일이었습니다.

형광등과 피시방

승환 : 아야! 제발 이 귀 좀 놓으세요, 아빠!

아빠 : 놓아주면 도망가려고?

엄마 : 왜 그러는데요?

아빠 : 형광등 사 오라고 심부름을 시켰는데 咸興差使 □□□□ 잖아.

엄마 : 또 피시방 갔구나?

아빠 : 왜 아니겠어. 형광등 사 오라고 준 돈 아마 다 썼을걸?

승환 : 아니에요! 500원 남았다고요!

엄마 : 아이고, 알뜰도 하셔라!

 옥새

옥새는 '임금이 쓰는 옥으로 만든 도장'이라는 뜻을 담고 있습니다. 왕조 시대에 외교 문서나 임금의 명령으로 작성된 국내 문서에 쓰였으며, 왕위를 계승할 때에는 임금의 정통성을 상징했습니다. 또한 임금이 행차할 때 그 권위를 과시하기 위해 행렬 앞에서 들고 가기도 했습니다. 임금의 공식 도장은 옥으로 만든 옥새와 금으로 만든 금보가 있었지만, 대개 이 둘을 합쳐 옥새라고 불렀습니다. 최초로 옥새를 쓴 것은 고대 중국의 왕들이었습니다. 처음에는 권위를 나타내려고 금으로 만든 도장을 썼으나, 진나라 시황제 때 '화씨의 구슬'로 옥새를 만든 이후로 황제들은 옥새를 쓰고 제후나 왕들은 금 도장을 썼습니다. 한국에서는 부여의 예왕이 처음으로 사용했고, 고려 시대인 1370년에는 명나라에서 왕의 도장을 만들어 보냈다고 합니다.

咸 함
뜻 : 다, 모두, 두루 미치다, 차다
부수 : 口(입 구)
획수 : 총 9획
함경도(咸鏡道) : 함경남도와 함경북도 지역의 조선 시대 이름.
함평군(咸平郡) : 전라남도 서부에 있는 군.

興 흥
뜻 : 일어나다, 일으키다, 기뻐하다, 흥겹다
부수 : 臼(절구구변)
획수 : 총 16획
흥성(興盛) : 매우 왕성하게 일어남.
흥미(興味) : 흥을 느끼는 재미. 어떤 대상에 대한 특별한 관심.

差 차
뜻 : 다르다, 어긋나다, 부리다
부수 : 工(장인 공)
획수 : 총 10획
차이(差異) : 서로 같지 아니하고 다름. 또는 그런 정도나 상태.
차별(差別) : 차등이 있게 구별함.

使 사
뜻 : 부리다, 하여금, 가령, 심부름꾼
부수 : 亻(=人, 사람 인)
획수 : 총 8획
혹사(酷使) : 혹독하게 일을 시킴.
사신(使臣) : 임금이나 국가의 명령으로 외국에 심부름 가는 신하.

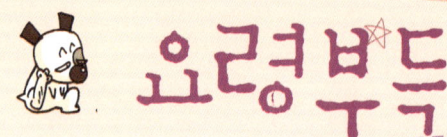

중요한 것을 얻을 수 없어서

요령부득

 요긴할 **요** 거느릴 **령**  아닐 **부(불)** 얻을 **득**

몸을 받치고 움직이는 데 허리와 목처럼 중요한 부분이 있을까요? 요령이란 바로 그 허리와 목을 가리킵니다. 따라서 요령부득이란 사물의 중요한 부분을 얻을 수 없다는 뜻이며, 말이나 글의 핵심을 납득하지 못할 때 흔히 쓰입니다.

장건의 임무

한나라의 무제는 걸핏하면 국경을 침범하는 흉노족 때문에 걱정이 그칠 날이 없었습니다. 그런데 흉노족과 국경을 맞대고 있는 월지국의 왕이 흉노족에게 잡혀 죽었다는 소식이 들려왔습니다. 무제는 월지국과 손을 잡으면 흉노를 정벌할 수 있다고 생각하고 월지국에 사신을 보내기로 했습니다.

사신으로 뽑힌 사람은 장건이라는 관리였습니다. 장건은 기원전 129년 무렵 100여 명의 수행원과 함께 길을 떠났지만, 중간에 그만 흉노족에게 붙잡혔습니다. 그는 포로가 된 채 흉노족의 땅에서 결혼하여 아들까지 낳았습니다.

그렇다고 장건이 자신의 임무를 잊은 것은 아니었습니다. 틈틈이 기회를 노리던 장건은 붙잡힌 지 10년이 지난 뒤, 가족을 데리고 탈출하는 데 성공했습니다. 우여곡절 끝에 월지국에 도착한 장건은 월지국 왕에게 무제의 뜻을 전했습니다. 하지만 월지국 왕은 그 제안을 거절했습니다.

"흉노와의 원한 관계는 지난 일이니, 새삼스럽게 싸울 필요가 없소."

결국 고생한 보람도 없이 장건은 빈손으로 귀국하게 되었습니다. 훗날 역사가들은 그것을 두고 이렇게 기록했습니다.

"장건은 끝내 요령을 얻지 못한 채 월지국에서 1년 만에 귀국길에 올랐다."

전태일과 근로 기준법 교과서

1970년, 전태일은 평화시장 옷 공장의 재봉사였습니다. 그때 평화시장에는 어린 소녀 노동자가 많았습니다. 하지만 임금이 터무니없이 적고 노동 환경도 너무 안 좋아서, 돈도 모으지 못하고 모두들 크고 작은 병에 시달렸습니다. 어린 소녀들이 오랜 시간 노동하며 고통스러워하는 모습을 본 전태일은 노동조합을 만들기로 결심하고, 근로 기준법 교과서를 사서 혼자 공부했습니다. 하지만 초등학교도 제대로 못 나온 전태일에게는 要領不得 □□□□일 수밖에 없었습니다. 책이 어려운 한자투성이에 법률 용어로 가득했기 때문입니다. 전태일은 대학생 친구가 있었으면 좋겠다고 말하곤 했습니다. 하지만 그 바람이 이루어진 것은 전태일이 스스로 목숨을 끊은 다음이었습니다.

타일러도 소용없어!

엄마 : 너, 또 게임하는구나.
희덕 : 딱 한 시간만 할게요.
엄마 : 한 시간만 한다고 해 놓고 하루 종일 한 게 한두 번이니?
희덕 : 오늘은 정말 한 시간만 할게요.
엄마 : 당분간 참자고 그렇게 이야기했건만 要領不得 □□□이구나!
은하 : 쟤는 아무리 타일러도 소용없다고 했잖아요. 엄마도 要領不得 □ □□□이에요, 정말!

 ## 비단길을 완성한 장건

장건이 서역 흉노족의 나라와 월지국에 갔다 온 것은 중요한 역사적 의미가 있습니다. 통행이 거의 없었던 파미르 고원을 넘어 월지국에 이르는 길을 개척함으로써 비단길을 완성했기 때문입니다. 장건의 여행 이후 서역과 중국의 상인 및 사절들을 통해 양쪽의 문물이 활발하게 교류되었습니다. 중국의 비단이 서역을 거쳐 로마 제국에까지 들어간 것도 결국 장건 덕분이라고 할 수 있습니다. 물론 장건의 여행 이전에 그 지역에 교통로가 없거나 왕래하는 사람이 아예 없었던 것은 아닙니다. 다만 그 길을 흉노족을 비롯한 중앙아시아의 여러 부족이 장악하고 있어서 자유로운 통행이 이루어지지 않았고, 따라서 제대로 된 교류도 없었지요. 장건의 서역 여행은 그런 상황을 크게 바꿔 활발한 교역이 이루어지는 계기가 되었답니다.

要 요

뜻 : 요긴하다, 중요하다, 요약하다, 허리(=腰)
부수 : 襾(=西/覀, 덮을 아)
획수 : 총 9획
요점(要點) : 가장 중요한 점.
요새(要塞) : 국방상 중요한 곳에 건설한 군사 방어 시설.

領 령

뜻 : 거느리다, 옷깃, 목, 중요한 부분
부수 : 頁(머리 혈)
획수 : 총 14획
영토(領土) : 영유하고 있는 땅. 한 나라의 주권을 행사할 수 있는 구역.
수령(首領) : 한 당파나 무리의 우두머리.

不 부, 불

뜻 : 아니다, 아니하다, 못하다, 없다
부수 : 一(한 일)
획수 : 총 4획
부정(不正) : 바르지 못함. 옳지 못함.
불량(不良) : 행실이나 성품이 나쁨. 품질·상태가 나쁨.

得 득

뜻 : 얻다, 손에 넣다, 만족하다, 알다
부수 : 彳(두인변)
획수 : 총 11획
획득(獲得) : 손에 넣음. 얻음.
납득(納得) : 남의 말이나 행동을 잘 알아 이해함.

東 동녘 동 **家** 집 가 **食** 먹을 식 **西** 서녘 서 **宿** 잘 숙

동쪽 집에서 먹고 서쪽 집에서 잔다고요? 자리 잡고 사는 곳이 없어서일까요? 본래 이 말은 자기의 잇속을 차리기 위해 지조 없이 이리저리 빌붙는 행동을 가리켰습니다. 하지만 지금은 일정한 거처가 없이 떠돌아다니며 지내는 것을 비유할 때 씁니다.

욕심쟁이 처녀

중국 제나라에 혼기가 찬 처녀가 있었습니다. 시집갈 나이가 된 만큼 여기저기에서 청혼이 들어왔는데, 한번은 동쪽 마을과 서쪽 마을에서 동시에 청혼이 들어왔습니다. 두 총각 중 동쪽 마을 사람은 집안이 넉넉한 대신 인물이 못났고, 서쪽 마을 사람은 훤칠하고 잘생겼지만 집안이 아주 가난했습니다.

사정이 이렇다 보니, 처녀의 부모는 두 집 중 어디로 딸을 시집보내야 좋을지 결정할 수가 없었습니다. 그래서 당사자의 의견에 따르기로 하고 딸에게 물었습니다.

"두 집 중 어느 쪽이 마음에 드니? 동쪽으로 가고 싶으면 왼손을 들고, 서쪽으로 가고 싶으면 오른손을 들어라."

그러자 처녀는 조금도 망설이지 않고 두 손을 다 번쩍 들었습니다. 처녀의 부모가 어안이 벙벙해서 어떻게 하겠다는 거냐고 물으니 처녀는 천연덕스럽게 대답했습니다.

"밥은 동쪽 집에서 먹고, 잠은 서쪽 집에서 자면 되잖아요."

방랑자 김시습

우리나라 최초의 한문 소설인 〈금오신화〉를 쓴 김시습은 이른바 '생육신'의 한 사람입니다. 생육신이란 수양 대군이 어린 조카 단종을 쫓아내고 세조 임금이 되자 관직에 나아가는 걸 포기하고 초야에 묻혀 지낸 여섯 명의 선비를 말합니다. 김시습은 관서·관동·삼남 지방을 두루 돌아다니며 東家食西家宿   했는데, 이때 보고 겪은 백성들의 비참한 삶은 〈매월당시사유록〉이라는 시집에 잘 그려져 있습니다. 그 뒤 경주 금오산에서 성리학과 불교를 연구하고 〈금오신화〉를 지었으며, 직접 농사도 지었습니다. 한때 벼슬길에 나아가려고도 했지만 끝내 현실에 대한 불만을 버리지 못해 다시 방랑하다가 59세의 나이로 일생을 마쳤습니다.

가출

엄마 : 이게 누구야? 가출한다고 뛰쳐나갔던 호연이 아냐?

아빠 : 아니, 아침에 나갔다가 저녁에 들어오는 것도 가출인가?

지혜 : 그러게요. 가출했으면 東家食西家宿   하면서 한 달은 버텨야 하는 건데.

엄마 : 설마 엄마 보고 싶어서 다시 들어온 건 아니겠지?

아빠 : 그건 아닐걸? 아마도 컴퓨터 게임을 하고 싶어서?

지혜 : 정말 왜 하루도 안 돼서 들어왔니?

호연 : 배가 고파서. 엄마, 얼른 밥 좀 주세요.

 ## 닭에게 시집가면 닭을 따라야

고대 중국에서는 부모의 의지에 따라 혼인이 결정되었습니다. 부모가 결정한 혼사는 당사자들의 동의와 상관없이 치러졌으며, 부모가 동의하지 않으면 당사자들이 아무리 원해도 혼인할 수 없었습니다. 이러한 혼인 법도는 주나라 때부터 엄격하게 지켜 왔는데, 한나라 때에 와서는 '육예(六禮)', 곧 '여섯 가지 예법'으로 정비되었습니다. 그에 따르면, 남녀 당사자는 혼인식 때까지 만나지도 못하고, 모든 것을 부모들이 결정했습니다. 그리고 중매쟁이가 혼인이 이루어질 때까지 두 집을 왕래하며 일을 진행했으며, 예물과 점을 매우 중요하게 여겼습니다. 또한 남자의 집에서 혼인을 주도하며, 시집간 여자는 남편에게 무조건 복종해야 했습니다. 그런 여자의 운명을 빗댄 속담이 바로 "닭에게 시집가면 닭을 따르고, 개에게 시집가면 개를 따라야 한다."였습니다. 중국의 이런 혼례 풍속은 20세기에 사회주의 혁명이 이루어지면서 완전히 사라졌습니다.

東 동
- **뜻** : 동녘, 동녘으로 가다
- **부수** : 木(나무 목)
- **획수** : 총 6획
- **동부**(東部) : 동쪽 부분.
- **동양**(東洋) : 동쪽 아시아 및 그 일대를 이르는 말.

家 가
- **뜻** : 집, 집안, 가족, 전문가
- **부수** : 宀(갓머리)
- **획수** : 총 10획
- **가장**(家長) : 한 가정을 이끌어 가는 사람.
- **화가**(畫家) : 그림 그리는 것을 직업으로 하는 사람.

食 식
- **뜻** : 먹다, 먹이다, 밥, 음식.
- **부수** : 食(밥 식)
- **획수** : 총 9획
- **식사**(食事) : 음식을 먹음. 또는 그 음식.
- **주식**(主食) : 밥이나 빵과 같이 끼니에 주로 먹는 음식.

西 서
- **뜻** : 서녘, 서양
- **부수** : 襾(=西, 덮을 아)
- **획수** : 총 6획
- **서양**(西洋) : 동양에서 유럽과 아메리카 대륙의 여러 나라를 이르는 말.

宿 숙
- **뜻** : 자다, 묵다, 지키다
- **부수** : 宀(갓머리)
- **획수** : 총 11획
- **하숙**(下宿) : 방값과 식비(食費)를 내고 비교적 오랜 기간 남의 집 방에 숙박함. 또는 그 집.

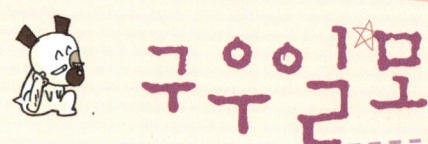

소의 몸에는 털이 몇 개나 있을까요? 아마 셀 수도 없이 많을 것입니다. 하물며 소가 아홉 마리나 된다면? 구우일모는 이처럼 셀 수 없이 많은 것 중의 하나를 비유하는 말입니다. 다시 말해 아주 하찮은 것을 가리킵니다.

사마천의 용기와 절망

한나라 장군 이릉은 흉노족과의 전쟁에서 패하자 항복을 하고 목숨을 구했습니다. 이를 안 무제는 크게 노하여 이릉의 일족을 참형하려고 했습니다. 신하들은 두려움에 사로잡혀 모두들 입을 다물었는데, 사가인 사마천이 용감하게 나섰습니다.

"이릉은 소수의 보병으로 오랑캐 기병 수만 명과 맞섰습니다. 그러나 원군도 오지 않고 아군 중에 배반자까지 나오는 바람에 패할 수밖에 없었습니다. 그럼에도 병졸들과 끝까지 고난을 함께했으니 명장이라 해도 지나침이 없을 것입니다. 그러니 오히려 이릉의 무공을 천하에 널리 알리심이 마땅한 줄로 아룁니다."

하지만 무제는 사마천을 투옥하고 궁형이라는 치욕스러운 벌을 내렸습니다. 사마천은 친구인 임안에게 쓴 글에 그때의 절망스러운 심정을 이렇게 밝혔습니다.

"내가 법에 따라 사형을 받는다고 해도 아홉 마리의 소 가운데서 터럭 하나 없어지는 것과 같을 뿐이네. 그러니 나 같은 인간이 땅강아지나 개미같이 하찮은 것과 다른 게 무엇이겠나? 세상 사람들 또한 내가 죽는다 해도 절개를 위해 죽는다고 생각하기는커녕 나쁜 말 하다가 큰 죄를 지어서 어리석게 죽었다고 여기겠지."

사마천은 그런 가운데서도 아버지의 유언을 이어 받아 방대한 역사책을 지었는데, 그것이 바로 유명한 〈사기〉입니다.

1987년 6월 민주 항쟁

지금은 시민들이 선거로 대통령을 직접 뽑지만, 1987년까지는 그렇지 않았습니다. 대의원들이 체육관에 모여서 간접 선거로 대통령을 뽑았거든요. 당시 대통령인 전두환도 그렇게 뽑혔습니다. 하지만 1987년, 시민들은 민주화 운동을 통해 직접 선거를 요구했습니다. 그 무렵, 민주화 운동을 하던 박종철이라는 학생이 고문을 받다 죽는 사건이 일어났습니다. 경찰이 그 사실을 숨기려 했던 사실이 발각되자 전국 곳곳에서 항의 시위가 벌어졌습니다. 수많은 시민이 거리로 쏟아져 나와 시위를 벌였는데, 대부분 평범한 사람들이었습니다. 九牛一毛 □□□□ 에 불과하던 한 사람 한 사람의 힘이 큰 물줄기를 이룸으로써 한국 사회는 대통령 직선제와 민주주의를 쟁취할 수 있었습니다.

견해 차이

엄마 : 여보, 저 피아노 소리 들려요?
아빠 : 저렇게 시끄러운데 안 들리면 귀머거리게요?
엄마 : 우리 아들이지만 참 잘 친다. 콩쿠르에 나가도 되겠는걸?
아빠 : 나 원 참. 아무리 팔은 안으로 굽는다지만 그건 아니지요.
엄마 : 무슨 소리! 저 정도면 입상하고도 남아요.
아빠 : 저런 연주자는 전국에 널리고 널렸어요. 九牛一毛 □□□ □ 에 불과해요.
엄마 : 아, 시끄러워욧!

 땅강아지는 귀머거리

땅개 또는 땅개비라고도 부르는 땅강아지는 메뚜기목 땅강아짓과의 곤충입니다. 몸 빛깔은 황갈색이나 흑갈색이고, 몸길이는 30~35밀리미터이며, 온몸이 짧으면서 가늘고 부드러운 털로 덮여 있습니다. 가끔 땅 위로 나오기도 하지만, 대개는 땅굴을 파고 그 속에서 생활합니다. 그래서인지 아예 청각 기관, 곧 소리를 들을 수 있는 수단이 없으며, 앞다리 종아리가 매우 넓고 두꺼워서 땅을 파기 좋게 발달해 있습니다. 잡식성으로 이것저것 안 가리고 먹지만 주로 식물의 뿌리나 지렁이 따위를 먹고 삽니다. 짝짓기는 한 해에 한 번 하며, 5월에서 7월에 걸쳐 땅속에 200~350개의 알을 낳습니다. 부화 기간은 16~36일이고, 유충은 4번의 탈피를 거쳐 어른벌레가 됩니다.

九 구
뜻 : 아홉
부수 : 乙(새 을)
획수 : 총 2획
구구단(九九段) : 곱셈에 쓰는 기초 공식.
구사일생(九死一生) : 죽을 고비를 여러 차례 겪고 겨우 살아남.

一 일
뜻 : 하나, 첫째, 오로지
부수 : 一(한 일)
획수 : 총 1획
일류(一流) : 어떤 분야에서 첫째가는 지위나 부류.
통일(統一) : 두 개 이상의 것을 몰아서 하나로 만듦.

牛 우
뜻 : 소
부수 : 牛(소 우)
획수 : 총 4획
우유(牛乳) : 소의 젖.
투우(鬪牛) : 소를 싸움 붙임. 싸움 잘하는 소. 투우사와 소가 싸움. 또는 그 경기.

毛 모
뜻 : 털, 풀, 가늘다
부수 : 毛(털 모)
획수 : 총 4획
모피(毛皮) : 털이 붙은 채로 벗긴 짐승의 가죽. 털가죽.
모발(毛髮) : 사람의 머리털.

보리가 무성하게 자랐는데 왜 탄식을 할까요? 농사가 잘되면 기뻐해야 할 텐데요. 하지만 그곳이 본래 궁궐이 있던 자리라면 얘기가 달라지겠죠? 화려했던 궁궐 대신 보리만 무성하게 자라고 있으니 탄식이 나올 수밖에요.

고국의 멸망

은나라 주왕이 술과 여자에 빠져 폭정을 일삼자, '세 명의 어진 이'로 불리던 왕족 기자, 미자, 비간은 끊임없이 상소를 올려 나라를 돌보라고 청했습니다. 그러나 주왕은 끝내 그 충고를 듣지 않고 오히려 그들을 해치려고 했습니다.

기자와 주왕의 형인 미자는 나라 밖으로 도망쳤습니다. 특히 기자는 신분을 감추기 위해 미치광이 행세를 하다가 노예가 되기도 했습니다. 반면 왕자인 비간은 가슴을 찢기는 극형을 당했습니다. 하지만 그런 폭군이 제 명에 죽을 리는 없었습니다. 주왕은 주나라의 발에게 비참하게 죽임을 당했고, 천하는 주 왕조에 넘어갔습니다. 황제가 된 발, 곧 무왕은 미자와 기자를 불러들여 각각 송나라와 조선의 왕으로 책봉했습니다. 이때 무왕의 부름을 받고 주나라 도읍으로 사년 기자는 은나라의 옛 도읍을 지나게 되었는데 궁궐 터에는 보리와 기장만 무성했습니다. 기자는 눈물을 흘리며 시를 지었습니다.

> 보리는 패어 무럭무럭 자라고,
> 벼와 기장도 윤기가 흐르는구나.
> 교활한 저 철부지(주왕)가
> 내 말을 듣지 않았음이 슬프도다.

자장면의 탄생지, 인천 차이나타운

인천 차이나타운은 1884년 4월 청나라의 상인들과 노동자들, 곧 화교들이 몰려와 정착하면서 만들어졌습니다. 화교들은 식료품이나 소금, 곡물 따위를 팔면서 점차 상권을 장악하고 세력을 넓혀 나갔습니다. 그러나 1937년 중일 전쟁이 일어나면서 많은 화교가 한국을 떠났습니다. 남은 이들은 음식점, 잡화상 등을 운영하거나 부두 노동자로 일하며 버텼습니다. 하지만 1948년 한국 정부가 수립되어 갖가지 차별을 받은 데다 6·25 전쟁까지 터져 큰 타격을 받았습니다. 그에 따라 자장면의 탄생지인 인천 차이나타운도 크게 쇠퇴해 불과 얼마 전까지 麥秀之嘆 □□□□ 의 세월을 보내야 했습니다. 다행히 최근에는 관광지로 선정돼 옛 차이나타운의 화려한 모습이 되살아나고 있습니다.

흰머리 5,000원어치

아빠 : 보람아, 아빠 흰머리 좀 뽑아 줄래?

보람 : 저 지금 바빠요.

아빠 : 잠깐 와서 뽑아 줘. 한 가닥에 50원씩 줄게.

보람 : 정말요? 그렇다면 해 드려야죠.

아빠 : 그 대신 검은 머리 뽑으면 거꾸로 벌금 내야 돼.

보람 : 와, 뒷머리가 희끗희끗해요. 이거 다 뽑으면 5,000원은 벌겠어요.

아빠 : 새카맣던 머리가 언제 그리 됐담? 후유, 麥秀之嘆 □□□□ 의 세월이로구나.

 ## 보리와 밀은 어떻게 다를까?

보리와 밀은 모양이 비슷해서 한자로는 다 같이 '맥(麥)'이라고 씁니다. 하지만 둘은 분명 다릅니다. 그래서 두 가지를 구별해야 할 때는 보리를 '대맥(大麥)', 밀을 '소맥(小麥)'이라고 부릅니다. 말하자면 큰 보리, 작은 보리인 셈인데, 그런 이름이 붙은 것은 보리 알갱이가 밀 알갱이보다 크기 때문입니다. 분류학으로 보면 보리는 외떡잎식물 벼목 볏과 보리속의 두해살이풀이고, 밀은 외떡잎식물 벼목 볏과 밀속의 한해살이풀입니다. 생김새도 좀 다른데, 밀이 보리보다 키가 크고 이삭이 길며, 이삭에 난 수염도 더 깁니다. 또한 밀은 보리에 비해 뿌리가 땅속에 더 깊이 들어가서 물이 적은 토양에서도 잘 자랍니다.

〈소맥이라고도 불리는 밀〉

麥 맥
뜻 : 보리
부수 : 麥(보리 맥)
획수 : 총 11획
맥주(麥酒) : 알코올성 음료의 하나.
맥반석(麥飯石) : 누런 흰색을 띠며 거위 알 또는 뭉친 보리밥 모양을 한 천연석.

之 지
뜻 : ~의, 가다, 이것
부수 : 丿(삐침)
획수 : 총 4획
맹모삼천지교(孟母三遷之敎) : 맹자 어머니가 맹자의 교육을 위해 세 번이나 이사를 한 가르침.
지동지서(之東之西) : 동으로 갔다 서로 갔다 함.

秀 수
뜻 : 빼어나다, 이삭
부수 : 禾(벼 화)
획수 : 총 7획
수재(秀才) : 뛰어난 재주. 또는 머리가 좋고 재주가 뛰어난 사람.
우수(優秀) : 여럿 가운데 뛰어나고 빼어남.

嘆 탄
뜻 : 탄식하다, 한숨짓다
부수 : 口(입 구)
획수 : 총 14획
탄복(嘆服) : 깊이 감탄하여 마음으로 따름.
감탄(感嘆) : 감동하여 찬탄함.

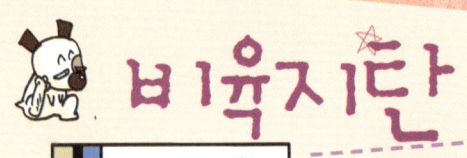

 넓적다리 비　　 고기 육　　 갈 지　　 탄식할 탄

넓적다리에 찐 살을 보고 탄식했다? 이것은 중국 삼국 시대 유비의 일화입니다. 천하의 패권을 다투는 마당에 허송세월을 하고 있는 자신이 부끄러워서 그랬다는군요. 그래서 이 말은 가진 재주나 능력을 제대로 발휘하지 못함을 아쉬워할 때 씁니다.

유비의 눈물

스스로 황실의 후손임을 내세우며 한나라의 부흥을 외치던 유비가 조조에게 쫓겨 형주의 유표에게 몸을 맡기고 있을 때의 일입니다.

유표는 자신의 영지만 지킬 뿐 천하를 노릴 만한 그릇은 못 됐습니다. 유비는 그런 유표 밑에서 신야라는 작은 성을 맡고 있었습니다. 그나마 나이는 어느덧 오십 줄에 이르렀고, 관우와 장비 같은 호걸을 데리고 있었지만 그들을 뒷받침할 만한 기반도, 실력도 갖추지 못한 판국이었습니다.

어느 날 유비는 유표의 초청으로 저녁 식사를 함께하다 잠시 변소에 갔습니다. 그런데 볼일을 마치고 우연히 자신의 넓적다리를 본 유비는 주르르 눈물을 흘리고 말았습니다. 넓적다리에 살이 두껍게 올라 있었기 때문이었지요. 눈물을 닦고 식사 자리로 돌아오자, 유표가 유비의 침울한 표정을 이상히 여겨 물었습니다.

"아니, 웬 눈물이오?"

"저는 늘 말을 타고 전장을 돌아다녀서, 넓적다리에 살이 붙은 적이 없었습니다. 그런데 요즈음에 너무 빈둥거린 탓인지 덕지덕지 군살이 붙어 있습니다. 세월은 빨라 벌써 늙음을 맞이하는데도, 아직 이렇다 할 공을 이루지 못하였으니 다만 슬플 뿐입니다."

정약용, 강진, 다산초당

1801년, 천주교 박해 사건인 신유사옥과 황사영 백서 사건으로 정약용은 강진에서 18년 동안이나 유배 생활을 하게 됩니다. 전라도 강진은 그 시절에는 까마득한 오지였습니다. 서울에서 관리 노릇을 하던 사람이 그런 외진 곳에서 기약도 없이 홀로 살게 되었으니, 보통 사람이라면 좌절하고 髀肉之嘆 □□□□ 에 빠지기 십상이었을 것입니다. 하지만 정약용은 달랐습니다. 정약용은 학문에 정진하여, 관직 생활의 경험을 바탕으로 정치와 경제, 사회, 문화에 관해 엄청난 양의 책을 썼으니까요. 〈목민심서〉와 〈흠흠신서〉, 〈경세유표〉 등 이른바 '1표 2서'라 불리는 유명한 책들도 바로 그때 썼습니다. 특히 1808년부터 머문 강진의 다산초당은 정약용의 학문과 저술의 산실이었습니다.

아들아, 힘내라!

성철 : 아, 심심해. 게임하는 것도 지겹고.
아빠 : 일요일인데 데이트 약속도 없니?
성철 : 데이트는요. 여자 친구도 없는데…….
아빠 : 뭐라고? 그게 사실이냐?
성철 : 네. 요즘 여자 애들은 남자 보는 눈도 없나 봐요.
아빠 : 그러게 말이다. 네가 좀 뚱뚱하고 수수해서 그렇지 뭐가 부족하다고?
성철 : 뭐, 좀 많이 뚱뚱하긴 하죠.
아빠 : 그래도 너처럼 훌륭한 애가 髀肉之嘆 □□□□ 으로 휴일을 보내면 안 되지!

 ## 넓적다리, 허벅다리, 허벅지

넓적다리와 허벅지는 어떻게 다를까요? 혹시 같은 말은 아닐까요? 정답은 '같지 않다'입니다. 넓적다리는 '다리에서 무릎 관절 위의 부분'을 말합니다. 다시 말해 다리 중 골반, 곧 엉덩뼈와 연결된 부분부터 무릎까지의 부분이지요. 허벅지는 '허벅다리 안쪽의 살이 깊은 곳'을 가리킵니다. 그럼 허벅다리는 어디일까요? 허벅다리는 '넓적다리의 위쪽 부분'입니다. 그러니까 넓적다리를 아래위로 반으로 나눴을 때 윗부분에 해당하는 곳입니다. 따라서 허벅지는 허벅다리 안쪽의 살이 많은 부위입니다. 정리해 보면 넓적다리가 가장 큰 부위이고, 그다음이 허벅다리, 가장 작은 부위가 허벅지이지요.

髀 비

뜻 : 넓적다리, 장딴지
부수 : 骨(뼈 골)
획수 : 총 18획
비골(髀骨) : 넓적다리뼈.
관비(髖髀) : 궁둥이뼈.

之 지

뜻 : 가다, ~의, 이것, 그것
부수 : 丿(삐침)
획수 : 총 4획
지자(之子) : 이 애. 이 사람.
지동지서(之東之西) : 동으로 갔다 서로 갔다 함.

肉 육

뜻 : 고기, 살, 몸, 혈연
부수 : 肉(고기 육)
획수 : 총 6획
육수(肉水) : 고기를 삶아 낸 물.
육체(肉體) : 사람의 몸.
혈육(血肉) : 부모, 자식, 형제 따위 한 혈통으로 맺어진 육친.

嘆 탄

뜻 : 탄식하다, 한숨 쉬다
부수 : 口(입 구)
획수 : 총 14획
탄성(嘆聲) : 탄식하는 소리. 감탄하는 소리.
영탄(永嘆) : 길게 한숨을 쉬며 한탄함.

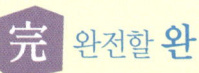 

본래는 구슬을 무사히 지킨다는 뜻입니다. 인상여가 빼앗길 뻔한 화씨의 구슬을 되찾은 것처럼 말이지요. 하지만 아름다운 화씨의 옥구슬처럼 흠 하나 없이 완전한 상태를 가리키기도 합니다.

구슬을 지킨 인상여

중국 전국 시대 진나라 소양왕은 조나라 혜문왕이 화씨의 구슬을 손에 넣었다는 소문을 듣고 자신의 성 열다섯 개와 맞바꾸자고 제의했습니다. 혜문왕은 참으로 난치했습니다. 분명 구슬만 빼앗자는 수작인데, 그렇다고 거절하자니 당장 쳐들어올 것 같았기 때문입니다. 고민 끝에 혜문왕은 그 제의를 받아들이기로 했습니다.

인상여가 사신으로 발탁되어 구슬을 가지고 조나라로 갔습니다. 소양왕은 구슬을 받고 크게 기뻐했습니다. 하지만 약속한 열다섯 개 성에 대해서는 아무 말도 하지 않았습니다. 인상여는 안 되겠다 싶어 소양왕에게 나아갔습니다.

"그 구슬에는 흠이 하나 있습니다. 구슬을 제게 잠깐 주시면 어느 곳인지 가르쳐 드리겠습니다."

소양왕이 구슬을 건네주자, 인상여가 기둥에 다가가 말했습니다.

"전하께서 약속을 안 지키시니 이 구슬은 제가 갖고 있겠습니다. 억지로 빼앗으려 하시면 구슬을 깨고 제 머리를 기둥에 부딪쳐 부숴 버릴 것입니다."

당황한 소양왕은 일단 인상여를 숙소로 돌려보냈습니다. 숙소에 도착한 인상여는 구슬을 부하에게 주어 서둘러 귀국시켰습니다. 소양왕은 인상여를 죽이려 했지만, 신의 없고 편협한 왕이라는 소리를 들을까 봐 그냥 보낼 수밖에 없었습니다.

'체조 요정' 코마네치

나디아 코마네치는 루마니아의 체조 선수로, 1976년 몬트리올 올림픽에서 체조 역사상 처음으로 10점 만점을 받은 것으로 유명합니다. 이 대회에서 코마네치는 이단 평행봉과 평균대, 개인 종합 부문에서 각각 금메달을 땄고, 단체전에서는 은메달, 마루 운동에서는 동메달을 따 모두 다섯 개의 메달을 목에 걸었습니다. 그 과정에서 10점 만점을 일곱 번이나 받았는데, 맨 처음으로 만점 연기를 펼친 종목은 이단 평행봉이었습니다. 코마네치는 그처럼 完璧 □□ 한 연기 덕분에 '체조 요정'이라는 별명을 얻었습니다. 전문가들은 코마네치의 연기가 힘차면서도 부드럽고, 과감하면서도 우아하여 인간 육체의 한계를 뛰어넘는다며 하나같이 혀를 내둘렀습니다.

환상적인 몸매

지혜 : 엄마, 거울 좀 그만 보세요.

엄마 : 왜? 설마 거울에 구멍이라도 날까 봐?

지혜 : 그렇게 하루 종일 보고 있으면 정말 그럴지도 몰라요.

엄마 : 그럴 리가 있니. 아마 거울도 이런 환상적인 몸매를 비추는 게 행복할 거야.

지혜 : 엄마는 그 몸매가 환상적이라고 생각해요?

엄마 : 내 나이에 이만하면 完璧 □□ 한 거지. 이게 다 훌라후프 덕분이라니까.

지혜 : 完璧 □□ 한 건 바로 엄마의 착각 아닐까요?

 약으로 쓰였던 옥

옥은 영어로 '제이드(jade)'라고 합니다. 이 말은 '허리의 돌'이라는 뜻의 에스파냐어 '피에드라 데 이자다(piedra de ijada)'에서 비롯되었습니다. 16세기에 멕시코를 침략한 에스파냐 사람들이 원주민들이 옥을 따뜻하게 데워서 옆구리나 허리에 대어 복통과 콩팥의 통증을 가라앉히는 것을 보고 그렇게 이름 붙인 것입니다. 이를 통해 알 수 있는 것은 멕시코 원주민들이 옥을 약으로 썼다는 사실입니다. 실제로 중앙아메리카의 원주민들은 옥을 허리 치료제뿐만 아니라 가루로 빻아 몸의 기운을 돋우는 약으로도 이용했습니다. 또한 옛 중국 사람들과 마찬가지로 옥이 주검을 썩지 않게 해 준다고 믿어서, 죽기 직전의 사람에게 옥의 일종인 비취를 먹였다고 합니다. 중국에서 무덤 속에 옥 제품을 함께 넣은 것도 같은 이유에서였습니다.

完 완

뜻 : 완전하다, 완전히 하다, 일을 끝내다
부수 : 宀(갓머리)
획수 : 총 7획
완성(完成) : 완전히 이룸.
보완(補完) : 모자라거나 부족한 것을 보충하여 완전하게 함.

璧 벽

뜻 : 구슬, 둥근 옥
부수 : 玉(구슬 옥)
획수 : 총 18획
화씨지벽(和氏之璧) : 천하제일이라는 화씨의 옥구슬.

사이비

 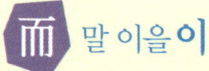 

세상에는 겉모습은 비슷하지만 실제로는 다른 것이 많습니다. 우리는 그런 것을 가짜라고 부릅니다. 공자는 사이비란 말을 썼는데, 그것은 겉과 속이 달라 진실하지 않고 실제로는 덕과 거리가 먼 사람을 가리켰습니다.

공자의 말씀

어느 날 맹자의 제자인 만장이 맹자에게 다음과 같이 물었습니다.

"온 고을 사람들이 훌륭한 사람이라고 칭찬한다면, 그 사람은 어디를 가든 훌륭한 사람으로 인정받을 것입니다. 그런데 공자께서는 어찌하여 그런 이를 덕을 해치는 사람이라고 했을까요?"

그러자 맹자가 대답했습니다.

"그런 사람은 특별히 비난할 점도 없고 모든 사람이 좋아하기는 한다. 그저 일이 흘러가는 대로 따라가고, 더러운 세상에 어울려 살며, 언제나 깨끗한 척하기 때문이다. 하지만 그런 사람은 요임금과 순임금의 도로 들어갈 수 없게 되니 '덕을 손상하는 무리'라고 하는 것이다. 공자께서 말씀하셨다. '비슷하지만 같지 않은 것을 싫어하나니, 강아지풀을 싫어함은 곡식의 싹과 혼동될까 두렵기 때문이고, 말만 잘하는 것을 싫어하는 것은 신의를 어지럽힐까 두려워서이며, 자줏빛을 싫어하는 것은 붉은색과 혼동될까 두려워서이다. 내가 그런 사람을 미워하는 것은 그 때문에 사람들이 덕을 잘못 알까 염려하기 때문이다.'"

맹자의 말에 만장은 비로소 공자의 뜻을 알았다는 듯 고개를 끄덕였습니다.

박정희의 '한국적 민주주의'

5·16 군사 정변으로 정권을 잡은 박정희는 1972년 10월 17일에 새로 만든 헌법을 공포했습니다. 대통령 간접 선거, 언론의 자유 제한, 의회의 권한 축소, 대통령 권한 확대, 시민의 기본권 억압 등이 담긴 헌법이었습니다. 박정희 정권은 국가 개혁을 계속 효과적으로 추진하고 북한의 위협으로부터 나라를 지켜야 한다는 명분을 내세웠습니다. 그러면서 서구 민주주의는 한계가 있으므로 한국적 민주주의를 정착시켜야 한다고 주장했습니다. 하지만 사실 그것은 박정희의 장기 집권을 위한 것이었습니다. 간접 선거로 대통령을 뽑는 데다 대통령이 의회를 좌지우지할 수 있었기 때문에 박정희는 계속 대통령을 할 수 있었습니다. 박정희의 '한국적 민주주의'는 결국 似而非 □□□ 였던 것입니다.

겉모습만 김치찌개

지혜: 모두 나와서 식사하세요!

호연: 와, 누나가 상을 차린 거야?

지혜: 엄마가 안 계시니 할 수 없잖니?

아빠: 김치찌개도 끓였네? 맛있겠는걸?

호연: 어디 맛 좀 볼까?

아빠: 음……. 허허허!

호연: 윽! 이거 겉모습만 그럴듯하잖아. 완전 似而非 □□□ 네!

지혜: 흥, 먹기 싫으면 먹지 마!

기생충 약으로 쓴 강아지풀

강아지풀은 길가나 들에서 흔히 자라는 한해살이풀입니다. 외떡잎식물 벼목 볏과에 속하며, 개꼬리풀 또는 구미초(狗尾草)라고도 합니다. 줄기는 20~70센티미터로 뭉쳐나고 가지를 치며, 털은 없고 마디가 긴 편입니다. 잎은 길이가 5~20센티미터에 너비가 5~20밀리미터로, 밑 부분은 잎집이 되고 가장자리에 잎혀와 줄로 돋은 털이 있습니다. 한여름에 꽃이 피는데, 기다란 자루 모양의 꽃 이삭은 길이가 2~5센티미터로 연한 녹색 또는 자줏빛입니다. 씨앗은 구황 식물로도 이용했고, 9월이면 뿌리를 캐어 기생충 약으로 쓰기도 했습니다. 여름에 통째로 캐 말려서 한약재로도 썼습니다. 비슷한 종으로는 갯강아지풀이 있습니다.

〈강아지풀〉

似 사

- **뜻** : 닮다, 비슷하다, 흉내 내다
- **부수** : 亻(=人, 사람 인)
- **획수** : 총 7획
- **근사**(近似) : 거의 같음.
- **유사**(類似) : 서로 비슷함.

而 이

- **뜻** : 말 잇다, 어조사, 너
- **부수** : 而(말 이을 이)
- **획수** : 총 6획
- **이립**(而立) : 나이 서른 살을 달리 이르는 말. 공자가 서른 살에 자립한 데서 유래함.

非 비

- **뜻** : 아니다, 그르다, 나무라다, 어긋나다
- **부수** : 非(아닐 비)
- **획수** : 총 8획
- **비상**(非常) : 심상치 않음. 예사롭지 않음.
- **비난**(非難) : 남의 잘못이나 흠을 나쁘게 말함.

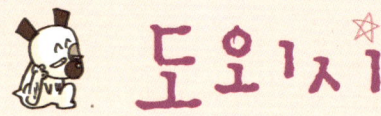

度 법도 도   外 바깥 외   視 볼 시

도외(度外)란 어떤 한도나 범위의 밖을 가리킵니다. 따라서 도외시란 관심이 없어서 안중에 두지 않는다는 말로, 어떤 사람이나 일에 대해 문제 삼지 않는다는 뜻입니다. 한나라 광무제의 일화에서 비롯된 고사성어입니다.

한나라의 광무제

서기 8년, 왕망은 한나라 왕조를 무너뜨리고 새로 신나라를 세웠습니다. 하지만 15년 뒤 왕망이 쫓겨나면서 신나라도 망했는데, 그것을 주도한 사람이 바로 한 고조 유방의 후손인 유수입니다. 유수는 유현을 황제로 받들어 한나라 왕조를 다시 세웠습니다. 나중에는 자신이 황제로 추대되었는데, 그가 바로 후한 광무제입니다.

유수가 곳곳의 반란군과 도적들을 진압했다고는 하지만, 한나라 황실의 힘이 미치는 곳은 허베이와 허난, 산시 등 일부 지역에 불과했습니다. 그 밖에서는 여전히 강력한 세력가들이 황실을 위협했습니다. 그래서 유수는 황제에 즉위한 뒤에도 계속 그들을 진압하는 데 힘썼습니다. 그 덕분에 10여 년이 지난 뒤에는 외효와 공손술의 근거지를 제외한 중국 대부분의 지역을 회복했습니다.

신하들은 그 두 곳마저 토벌해야 한다고 진언했습니다. 하지만 광무제는 이렇게 말했습니다.

"이미 중원을 평정했으니 이제 그들을 문제시할 것 없소(度外視)."

광무제가 이렇게 말한 것은 오랜 전쟁으로 병사들이 지칠 대로 지쳐 있었기 때문이었습니다. 게다가 그 두 곳은 멀고 험하여 정벌하기가 쉽지 않았기 때문에, 마음 한구석이 꺼림칙하기는 했지만 그만 전쟁을 중지한 것입니다.

부끄러운 삼풍백화점 붕괴 사고

1995년 6월 29일 오후 5시 57분, 서울 서초구 서초동 삼풍백화점의 건물 한 동이 갑자기 무너졌습니다. 이 황당한 사고로 모두 502명이 죽고, 6명이 실종되었으며, 937명이 부상을 당했습니다. 해방 이후 가장 큰 피해가 난 사고로, 지은 지 6년밖에 안 된 최신 건물이 저절로 무너진 부끄러운 후진국형 재난이었습니다. 사고의 원인은 설계와 시공, 유지 관리 등의 잘못이었습니다. 애초에 4층으로 설계했으면서도 한 층을 더 올려 5층으로 지었고, 기둥을 설계보다 얇게 만들었으며, 완공 후에도 건물이 버틸 수 없는 무게의 냉각탑을 멋대로 옥상에다 설치했습니다. 결국 돈벌이를 위해 사람의 안전을 度外視 □□□ 한 양심 없는 사람들 때문에 그처럼 엄청난 사고가 일어난 것입니다.

덧니는 싫어!

아빠 : 승환아, 희선이한테 전화 왔다.

승환 : 지금 잔다고 해 주세요.

아빠 : 왜 자꾸 희선이를 피하니?

승환 : 희선이는 제 취향이 아니라서요.

아빠 : 왜? 착하고 공부도 잘하잖아.

승환 : 그래도 외모를 度外視 □□□ 할 수는 없잖아요, 아빠.

아빠 : 네가 다른 사람 외모 따질 처지가 아닐 텐데…….

승환 : 아무튼 전 덧니 난 애는 싫어요.

 ## 중원에서 사슴을 쫓는다

중국 문명 하면 흔히 떠올리는 곳이 바로 중원입니다. 그곳은 황허 문명이 발생한 지역이고, 춘추 전국 시대 주 왕조의 도읍이 있던 곳으로 중국의 황제가 머무르던 곳입니다. 그래서 옛날 중국 사람들은 중원을 천하의 중심으로 생각했고, 중원을 차지하는 것이 곧 천하를 얻는 것이라고 생각했습니다. '중원에서 사슴을 쫓는다'는 말이 천하를 노린다는 뜻으로 쓰이는 것도 그래서인데, 여기에서 '중원의 사슴'이란 주나라의 왕권을 상징합니다. 광무제가 중원을 차지하고 무리하지 않은 건 아마도 천하의 중심인 중원을 차지한 뒤 '중원의 사슴'을 잡았기 때문일 것입니다. 지리적으로 보면 중원은 오늘날 중국 허난 성을 중심으로 산둥 성 서부, 산시 성 동부에 걸친 황허 강 중하류 유역의 평야 지대, 곧 화북 평원에 해당합니다.

度 도

뜻 : 법도, 정도, 자, 단위, 모양
부수 : 广(엄호밑)
획수 : 총 9획
도량형(度量衡) : 길이와 부피와 무게. 자와 되와 저울의 총칭.
태도(態度) : 몸의 동작. 몸을 거두는 모양새. 사물이나 사태에 대처하는 자세.

外 외

뜻 : 바깥, 외국, 외가, 멀리하다
부수 : 夕(저녁 석)
획수 : 총 5획
외계(外界) : 바깥 세계. 지구 밖의 세계.
외삼촌(外三寸) : 어머니의 남자 형제.
외면(外面) : 겉에 나타난 모양. 겉모양

視 시

뜻 : 보다, 살피다
부수 : 見(볼 견)
획수 : 총 12획
시찰(視察) : 두루 돌아다니며 현지의 사정을 살핌.
근시(近視) : 가까운 데 있는 것은 잘 보아도 먼 데 있는 것은 잘 보지 못하는 시력.

일이 되어 가는 모양새

융통성 없이 현실에 맞지 않는 생각만 고집하는 사람을 보면 참 답답하고 어리석다는 생각이 들어요. '각주구검'의 주인공처럼 말이에요. 그런 어리석음을 깨우칠 때 쓰는 고사성어를 함께 알아보아요.

어리석음을
깨우칠 때 쓰는
고사성어

당랑거철

사마귀가 수레바퀴를 막으니

 사마귀 당   사마귀 랑   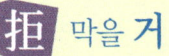 막을 거   바퀴 자국 철

'당랑(螳螂)'은 사마귀를 가리키는 한자 말입니다. 따라서 당랑거철은 사마귀가 겁도 없이 수레바퀴를 가로막는다는 뜻이지요. 분수를 모르고 강한 적에게 덤비는 무모한 행동을 비유할 때 쓰는 말입니다.

두려움을 모르는 용기

중국 춘추 시대 제나라의 왕 장공이 어느 날 사냥을 갈 때였습니다. 장공 일행이 한창 길을 가는데, 갑자기 벌레 한 마리가 뛰어들어 수레를 막았습니다. 그러더니 도끼처럼 생긴 앞발을 치켜들고 수레바퀴를 향해 공격 자세까지 취하는 것이었습니다. 장공은 처음 보는 벌레의 맹랑한 행동에 어이가 없어서 마부에게 물었습니다.

"저 조그마한 벌레의 이름이 무엇이냐?"

"사마귀라고 합니다. 앞으로 나아갈 줄만 알지 뒤로 물러설 줄은 모르는 놈이지요. 자기 힘은 생각하지 않고 더 강한 것에도 무작정 덤벼듭니다."

장공은 마부의 말을 듣고 고개를 끄덕이며 말했습니다.

"저 사마귀가 사람이었다면 천하무적의 용사가 되었을 것이다. 하찮은 벌레지만 그 용기가 가상하니 수레를 돌려 피해 가라."

마부는 장공의 말에 따라 말 머리를 돌려 사마귀를 피해 갔습니다. 장공은 사마귀의 행동이 허황되고 무모하다고 생각했지만, 두려움을 모르는 그 용기만은 높이 산 것입니다. 그 덕분에 분수 모르던 사마귀는 목숨을 건졌지요.

역사 속, 말의 쓰임을 찾아서 — 북벌을 꿈꾼 효종

조선은 1636년, 병자호란으로 임금이 청나라 황제에게 항복하고 신하의 예를 갖추는 굴욕을 당했습니다. 게다가 당시에 왕자였던 제17대 왕 효종은 청나라에 끌려가 8년 동안 볼모로 지내야 했습니다. 그 뒤 효종은 군사력을 키워 청나라를 친다는 북벌 계획을 세웠습니다. 조선의 아버지 나라인 명나라를 멸망시키고 조선을 짓밟은 오랑캐에게 복수를 한다는 것이었습니다. 그래서 군대를 새로 만들고 무기와 전술을 개량했습니다. 하지만 이것은 난리를 두 번이나 겪고 자연재해에까지 시달리던 백성들에게는 그저 고통일 뿐이었습니다. 이 때문에 신하들마저 반대로 돌아서고 효종 자신도 갑자기 죽어 계획은 실패하고 말았습니다. 결국 효종의 무모한 북벌 계획은 螳螂拒轍 ☐☐☐☐ 이었던 것입니다.

생활 속, 말의 쓰임을 찾아서 — 무모한 싸움

엄마: 너, 얼굴이 왜 그 모양이니?

승환: 형주하고 싸웠어요. 자식이 태권도 좀 한다고 뽐내잖아요.

엄마: 그런다고 싸워?

승환: 건방지니까 혼내 줘야죠.

엄마: 가뜩이나 겁 많고 덩치도 작은 네가? 그거야말로 螳螂拒轍 ☐☐☐☐ 인걸?

형주: 뭐 어때요? 죽기 살기로 막 덤볐죠.

엄마: 쯧쯧. 그래서 얼굴이 그 모양이 됐구먼.

 ## 사마귀의 목숨을 건 짝짓기

〈짝짓기 뒤 수컷을 잡아먹는 암컷 사마귀〉

사마귀의 짝짓기는 살벌합니다. 수컷이 목숨을 걸고 짝짓기에 성공하더라도 대개 암컷에게 잡아먹히니까요. 짝짓기 철이 되면 수컷은 열심히 암컷을 찾아다닙니다. 하지만 막상 암컷을 만나도 처음에는 멀찌감치 떨어져 눈치만 봅니다. 왜냐하면 암컷이 눈앞에서 살아 움직이는 것은 닥치는 대로 잡아먹는다는 걸 본능적으로 알기 때문입니다. 그러다 기회가 오면 재빨리 암컷을 껴안고 짝짓기를 합니다. 어쨌든 알은 낳아야 하니까요. 짝짓기를 마친 다음에는 재빨리 도망쳐야 하는데, 짝짓기를 하느라 힘이 빠진 수컷은 암컷 주위에서 비틀거리기 십상입니다. 물론 그런 경우 십중팔구는 암컷의 먹이가 되고 맙니다. 그렇다면 암컷은 왜 수컷을 잡아먹을까요? 그것은 알에 충분한 영양을 공급하고 알을 낳을 때를 대비해 미리 힘을 보충하기 위해서입니다.

螳 당

뜻 : 사마귀
부수 : 虫(벌레 충)
획수 : 총 17획
당랑지부(螳螂之斧) : 사마귀의 도끼라는 뜻으로, 자기 힘을 생각지 않고 강적 앞에서 분수 없이 날뛰는 것을 비유적으로 이르는 말.

螂 랑

뜻 : 사마귀
부수 : 虫(벌레 충)
획수 : 총 16획
당랑(螳螂) : 사마귀.
낭축(螂蠋) : 자벌레.

拒 거

뜻 : 막다, 거절하다
부수 : 扌(=手, 재방변)
획수 : 총 8획
거부(拒否) : 받아들이지 않고 물리침.
항거(抗拒) : 순종하지 않고 맞서서 대항함.

轍 철

뜻 : 바퀴 자국
부수 : 車(수레 거)
획수 : 총 19획
전철(前轍) : 앞에 지나간 수레바퀴의 자국이란 뜻으로, 이전 사람의 그릇된 일이나 행동의 자취.
철환천하(轍環天下) : 수레를 타고 천하를 돌아다닌다는 뜻으로, 세계 각지를 여행함을 이르는 말.

어리석음 **169**

蛇 뱀사   足 발족

사족은 화사첨족(畵蛇添足)의 준말로 뱀 그림에 발을 덧붙인다는 뜻입니다. 하지만 뱀은 본래 발이 없으므로, 안 해도 되는 쓸데없는 짓을 가리키는 말입니다. 공연히 하지 않아도 될 짓을 더 해서 일을 그르치는 것을 비유할 때 흔히 씁니다.

발 달린 뱀

중국 전국 시대 초나라에서 있었던 일입니다.

어느 구두쇠가 제사를 지낸 뒤 수고했다며 하인들에게 술 한 잔을 내놓았습니다. 하지만 사람은 여러 명인데 술은 딱 한 잔을 주니 하인들은 난감하기 이를 데 없었습니다. 그때 한 사람이 이런 제안을 했습니다.

"이걸 나누어 마시면 차라리 안 마시는 것만 못할 거야. 그러니 내기를 해서 한 사람한테 몰아주는 게 어떨까."

하인들은 모두 찬성했습니다.

"그러면 땅바닥에 뱀을 맨 먼저 그리는 사람이 다 마시기로 하자."

그리하여 하인들은 제각기 땅바닥에 뱀을 그리기 시작했습니다. 잠시 후, 맨 먼저 그린 하인이 술잔을 집어 들고 말했습니다.

"뱀 한 마리쯤이야 우습지. 자 봐, 시간이 남아서 발까지 그렸다고."

바로 그때, 막 뱀을 다 그린 다른 하인이 술잔을 낚아챘습니다.

"발 달린 뱀이 어디 있어! 미안하지만 술은 내 거야."

그러고는 훌쩍 술을 마셔 버렸습니다. 술잔을 빼앗긴 하인은 괜히 쓸데없는 짓을 했다고 후회했지만 이미 술은 없었습니다.

 영화 〈디 워〉의 사족

심형래 감독의 〈디 워〉는 전설 속 괴물인 이무기를 소재로 한 공상 영화입니다. 연출과 연기가 어색하고 이야기도 억지스러워서 아쉽지만, 컴퓨터 작업으로 만들어 낸 이무기와 그 밖의 여러 괴물들의 모습, 그리고 괴물들이 움직이는 장면은 훌륭합니다. 그 부분만 보면 외국의 공상 영화들에 비교해도 손색이 없다고 할 수 있을 정도입니다. 그런데 이야기가 마무리된 뒤에 난데없이 감독의 말이 자막으로 올라옵니다. 그동안 고생을 많이 했지만 할 수 있다는 자신감과 집념으로 이 영화를 만들었으며, 반드시 '세계 시장'에 진출하여 성공하겠다는 내용입니다. 하지만 이것은 영화를 더욱 이상하게 만드는 蛇足☐☐이었습니다. 영화 끝에 그런 쓸데없는 자막이 붙는 영화는 아마 세계에서 〈디 워〉밖에 없을 것입니다.

 반성문

선생님: 반성문은 써 왔니?

맹구: 네. 어제 밤늦게까지 썼어요.

선생님: 한 번 더 영구더러 바보라고 하고 괴롭히면 정말 각오해라. 그런데 맨 끝에 이건 왜 덧붙였지? '선생님, 어제 영구가 또 이불에 오줌 쌌대요. ㅋㅋ'

맹구: 그 얘기도 꼭 하고 싶어서요.

선생님: 蛇足☐☐을 붙여 놓은 걸 보니 반성을 더 해야겠는걸? 내일 10장 더 써 와라.

맹구: 선생님!

 ## 뱀은 왜 혀를 날름거릴까?

뱀은 후각, 그러니까 냄새를 맡는 능력이 매우 뛰어납니다. 하지만 다른 동물과 달리 냄새를 맡는 기관은 콧구멍이 아니라 혀입니다. 혀를 날름거리면서 공기 속의 작은 알갱이들을 혀끝에 붙잡은 다음, 입 천장에 있는 두 개의 오목한 구멍에 대어 분석하지요. 뱀은 바로 그런 식으로 냄새를 맡습니다. 특히 갈라진 혀끝에 묻은 알갱이들의 농도 차이를 통해 먹잇감이 있는 방향이나 거리 따위를 알아내지요. 따라서 뱀이 혀를 날름거리는 것은 무엇이 먹고 싶어서거나 어떤 것을 위협하기 위해서가 아닙니다. 그건 마치 우리가 눈을 뜨고 주위를 살피는 것과 마찬가지라고 할 수 있습니다.

〈혀를 날름거리는 뱀〉

蛇 사

뜻 : 뱀
부수 : 虫(벌레 충)
획수 : 총 11획
독사(毒蛇) : 독을 가진 뱀.
백사(白蛇) : 몸빛이 흰 뱀.

足 족

뜻 : 발, 넉넉하다, 족하다
부수 : 足(발 족)
획수 : 총 7획
수족(手足) : 손과 발.
족쇄(足鎖) : 죄인의 발에 채우던 쇠사슬.
만족(滿足) : 마음에 흡족함.

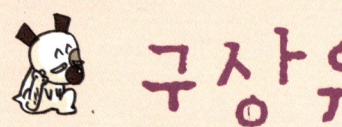

입에서 젖내가 난다면 아직도 엄마 품을 못 떠난 어린아이겠죠? 그래서 이 말은 하는 짓이 어른스럽지 못하여 유치하거나 서툰 것을 이르는 말입니다. 본래는 항우와 천하의 패권을 다투던 유방이 한 말이라고 합니다.

되돌린 표의 마음

한나라 유방이 초나라 항우와 천하를 놓고 싸울 때의 일입니다. 위나라의 왕 표는 유방에게 복종하고 있었습니다. 그런데 유방이 팽성 전투에서 항우에게 패하자 부모님 병구완을 핑계 삼아 평양(지금의 산시 성)으로 가 항우 밑으로 들어갔습니다.

유방은 신하 역이기를 보내 표의 마음을 돌리려 했습니다. 하지만 표는 마음을 바꾸기는커녕 역이기에게 욕설을 퍼부어 댔습니다. 역이기가 보람 없이 돌아오자, 유방은 그냥 둘 수 없다고 생각하고 한신에게 표를 치도록 했습니다. 한신은 출병에 앞서 역이기에게 표의 군사를 이끄는 장수가 누구인지 물었습니다.

"백직이라는 자입니다."

"뭐, 백직이라고?"

옆에서 듣고 있던 유방은 코웃음을 쳤습니다.

"그자는 아직도 입에서 젖내가 나는 녀석이지. 한신을 당할 수가 없어."

유방이 큰소리쳤듯이 백직이 이끄는 표의 군사는 한신이 이끄는 한나라군의 적수가 되지 못했습니다. 한신은 순식간에 위나라 군사를 무찌르고 표를 사로잡아 유방에게 데려왔습니다. 끌려온 표는 머리를 조아리고 한때의 실수였다며 용서를 구했습니다. 그러자 유방은 노여움을 거두고 표에게 형양의 수비를 맡겼습니다.

바둑 천재 이창호

이창호가 처음 바둑을 배운 것은 할아버지를 따라 동네 기원에 드나들던 초등학교 1학년 때였습니다. 그렇게 배워서 1년 만에 전국 어린이 바둑 대회에서 우승하자, 할아버지는 창호의 소질을 알아보고 프로 기사에게 가르침을 부탁했습니다. 얼마 뒤 창호는 다시 한국 최고의 기사인 조훈현 9단의 제자가 되었습니다. 그때 창호 나이가 불과 아홉 살이었으니 그야말로 口尙乳臭 ☐☐☐☐ 의 햇병아리였지요. 2년 뒤 창호는 프로 기사로 데뷔했고, 프로 대회에 나가 스승인 조훈현 9단을 심심찮게 이기곤 했습니다. 열네 살이 되어서 첫 우승을 했고, 그 이듬해에는 41연승을 하며 국내의 대회란 대회는 다 휩쓸었습니다. 몇 년 뒤에는 세계 대회에서도 여러 번 우승하며 명실 공히 세계 최고의 기사가 되었습니다.

밥맛이 없는 까닭

엄마 : 지혜, 너 요즘 왜 밥을 통 안 먹니?

지혜 : 밥맛이 없어서요.

아빠 : 갑자기 밥맛이 왜 없어? 반찬도 이리 좋은데.

지혜 : 몰라요. 그냥 먹기가 싫어요.

호연 : 나는 누나가 왜 저러는지 알지롱!

엄마 : 왜 그러는 건데?

호연 : 누나가 사춘기잖아요. 남자 친구도 없고 외로워서 그러는 거예요.

지혜 : 입 안 다물래? 口尙乳臭 ☐☐☐☐ 한 주제에 뭘 안다고!

 ## 입내가 나는 까닭

입에서 나는 고약한 냄새를 입내 또는 구취라 합니다. 입내가 나는 까닭은 여러 가지인데, 가장 흔한 것은 충치나 잇몸에 염증이 생기는 것입니다. 이나 잇몸에 붙은 갖가지 음식 찌꺼기에 세균이 번식하여 썩으면서 지독한 냄새를 풍기는 것이지요. 입내가 나는 또 하나의 원인은 고약한 냄새가 나는 음식물이나 담배 같은 것을 오랫동안 먹거나 피우는 것입니다. 특히 이런 경우에는 냄새가 몸에 배기 때문에 아무리 양치질을 해도 악취가 잘 사라지지 않습니다. 마지막으로 몸 안에 병이 있어도 입내가 날 수 있습니다. 특히 소화 기관 이상으로 소화 기능이 제대로 안 이루어지면 심한 악취가 나곤 합니다. 입에서 젖내가 나는 어린아이는 두 번째의 경우겠죠?

口 구
- **뜻** : 입, 어귀, 인구, 말하다
- **부수** : 口(입 구)
- **획수** : 총 3획
- **구강**(口腔) : 입 안.
- **구술**(口述) : 말로 이야기함. 구진(口陳).

尚 상
- **뜻** : 오히려, 아직, 높이다, 숭상하다
- **부수** : 小(작을 소)
- **획수** : 총 8획
- **숭상**(崇尚) : 높여 소중히 여김.
- **상무**(尚武) : 무예를 중히 여겨 숭상함.

乳 유
- **뜻** : 젖, 젖 먹이다
- **부수** : 乙(새 을)
- **획수** : 총 8획
- **우유**(牛乳) : 소의 젖.
- **유모차**(乳母車) : 어린아이를 태워서 밀고 다니는 자그마한 수레.

臭 취
- **뜻** : 냄새, 구린내, 냄새 맡다
- **부수** : 自(스스로 자)
- **획수** : 총 10획
- **향취**(香臭) : 향내.
- **악취**(惡臭) : 나쁜 냄새. 불쾌한 냄새.

 인연  나무 목  구할 구   물고기 어

나무에 올라가서 물고기를 잡을 수 있을까요? 절대로 그럴 수 없겠지요. 왜냐하면 물고기는 본래 강이나 바다에 사는 동물이니까요. 따라서 연목구어는 도저히 불가능하거나 터무니없는 일을 하는 것을 비유하는 말입니다.

패도 정치의 해악

전국 시대에 왕도 정치를 설파하던 맹자가 제나라에 갔을 때의 일입니다. 천하의 패권을 노리던 제나라 선왕이 그 방도를 묻자 맹자는 이렇게 되물었습니다.

"전하께서 일으킨 전쟁으로 백성들이 목숨을 잃고, 이웃 나라 제후들과 원수가 되기를 바라시옵니까?"

"그렇지 않소. 그러나 과인에겐 큰 꿈이 있소."

맹자가 그것이 무엇이냐고 물었지만, 선왕은 웃기만 할 뿐 대답을 하지 않았습니다. 그래서 맹자는 또 이렇게 물었습니다.

"혹시 그것은 천하를 통일하고 사방의 오랑캐들까지 복종케 하려는 것이 아니옵니까? 하오나 무력으로 그것을 이루려는 것은 마치 '나무에 올라 물고기를 구하는 것'과 같사옵니다."

"아니, 그토록 무리한 일이란 말이오?"

놀라는 선왕에게 맹자는 차분하게 패도 정치의 해악을 설명했습니다.

"그보다 더 심할지도 모릅니다. 나무에서 물고기를 찾는 건 물고기만 잡지 못할 뿐 별일은 없습니다. 하오나 패도를 좇다가 실패하는 날에는 나라가 멸망하고 말 것이옵니다."

거짓 역사책, 〈환단고기〉

〈환단고기〉는 1911년 계연수라는 사람이 여러 역사책을 근거로 편찬한 책이라고 하지만, 처음 출판된 것은 1979년입니다. 이 책에서는 단군 이전에 1565년 동안 지속된 배달국과 다시 그 이전에 3301년이나 계속된 환국이 존재했다고 주장합니다. 배달국 다음에 47명의 단군이 2천 년 동안 다스린 나라가 이어졌다고 하니, 이 책에 따르면 우리나라의 역사는 신석기 시대인 1만 년 전까지 거슬러 올라갑니다. 게다가 영토는 중국 대륙은 물론이고 멀리 메소포타미아 지역에까지 미쳤다고 해석되고 있습니다. 하지만 역사학계에서는 대체로 이런 주장을 근거 없는 것으로 보고 있습니다. 결국 〈환단고기〉는 한민족의 위대함을 과장하기 위한 緣木求魚 □□□□ 같은 시도의 결과라고 할 수 있지요.

담배 끊기

엄마: 당신, 올해는 제발 담배 좀 끊어요.
아빠: 그렇잖아도 끊으려고 계획을 세웠어요.
엄마: 계획만 세우면 뭐 해요. 지금까지 세운 계획만 해도 백 번은 되잖아요.
아빠: 이번엔 좀 색다른 계획이니까 기대해 봐요.
엄마: 어떤 계획이기에?
아빠: 음, 담배 피울 틈이 없게 만드는 거예요. 가령 커피나 술을 더 열심히 마신다든가…….
엄마: 아이고, 머리야. 이건 뭐 緣木求魚 □□□□ 가 따로 없네!
아빠: 아무튼 기대해 줘요!

 ## '살아 있는 화석' 실러캔스

실러캔스는 약 2억 2천만 년 전에 번성했고 약 5천만 년 전에 멸종했다고 알려진 원시 물고기입니다. 그런데 1938년 12월 23일 남아프리카의 찰룸나 강에서 살아 있는 실러캔스가 발견되었습니다. 화석으로만 확인되던 동물이 살아 있는 채로 발견되었기 때문에 그것은 전 세계 학계에 마치 살아 있는 공룡을 발견한 것 같은 충격을 주었습니다. 실러캔스는 12년 뒤에 또 한 마리가 잡혔고, 지금까지 200마리쯤 잡혔다고 합니다. 이 물고기의 두드러진 특징은 턱뼈와 작은 다리처럼 생긴 앞지느러미와 뒷지느러미가 있다는 것입니다. 바로 그 때문에 어류 육지 동물의 조상으로 생각되곤 했습니다. 만약 그게 사실이라면 어쩌면 진짜로 나무에서 물고기를 잡을 수 있었는지도 모릅니다.

緣 연
뜻 : 인연, 좇다
부수 : 糸(실 사)
획수 : 총 15획
연분(緣分) : 하늘에서 베푼 인연. 부부가 되는 인연.
절연(絶緣) : 인연이나 연결을 끊음.

木 목
뜻 : 나무
부수 : 木(나무 목)
획수 : 총 4획
목수(木手) : 나무를 다루어 집을 짓거나 가구·기구 따위를 만드는 일로 업을 삼는 사람.
묘목(苗木) : 옮겨 심기 위해 가꾼 어린나무.

求 구
뜻 : 구하다, 빌다, 탐하다
부수 : 水(물 수)
획수 : 총 7획
구혼(求婚) : 결혼할 상대자를 구하거나 결혼을 청함.
욕구(欲求) : 무엇을 얻거나 무슨 일을 바라고 원함.

魚 어
뜻 : 물고기
부수 : 魚(물고기 어)
획수 : 총 11획
어류(魚類) : 물고기의 무리.
양어장(養魚場) : 물고기를 길러 번식시키는 곳.

기나라 사람의 걱정

우리 살아생전에 하늘이 무너지거나 땅이 꺼질 일이 있을까요? 만약 심각하게 그런 걱정을 하는 사람이 있다면 아마 미치광이 취급을 당할 것입니다. 이 말은 그처럼 일어날 가능성이 거의 없는 쓸데없는 걱정을 가리킬 때 자주 쓰입니다.

쓸데없는 걱정

춘추 시대 기(杞)나라에 쓸데없는 걱정을 하는 사람이 있었습니다. 이 사람의 걱정은 보통 사람은 이해할 수 없을 만큼 기가 막혔는데, 예를 들면 이랬습니다.

"하늘이 무너지면 어떡하지? 땅이 푹 꺼지기라도 하면 어떻게 사나?"

이런 걱정 때문에 그는 잠도 마음 놓고 못 자고 음식도 제대로 못 먹을 지경이었습니다. 그 모습을 보다 못해 어떤 사람이 찾아와 타일렀습니다.

"무슨 그런 시시껄렁한 걱정을 다 하오? 하늘은 그저 공기가 쌓인 것일 뿐이오. 우리가 움직이고 숨을 쉬는 곳도 사실은 다 하늘이잖소. 그러니 걱정할 일이 뭐가 있겠소."

"그러면 해와 달, 별들이 떨어지지 않겠소?"

"천만에! 그것들도 역시 공기 속에서 빛나는 것이고, 설사 떨어진다 해도 다칠 염려가 손끝만치도 없다오."

"그렇다면 땅은?"

"우리가 늘 밟고 다니며 활동하는 곳이 바로 이 땅이우. 그게 왜 이유 없이 꺼지겠소? 그러니 쓸데없는 걱정일랑 말고 열심히 살기나 하시구려."

기나라 사람은 그제야 한숨을 내쉬며 마음을 놓았다고 합니다.

야간 통행금지 해제

1982년 1월 5일 새벽 4시를 기해 몇 십 년 동안 실시된 야간 통행금지가 해제되었습니다. 야간 통행금지는 본래 1945년 9월, 미군정 사령관 하지의 포고령으로 시작되어 해방 직후 혼란한 상황에서 범죄 예방 같은 좋은 기능을 하기도 했습니다. 하지만 시민의 자유를 제한하고 경제 활동을 어렵게 한다는 점에서 많은 비판을 받았습니다. 그럼에도 1980년대가 되어도 사라지지 않다가 쿠데타에 대한 시민들의 반감을 달래려던 전두환 정권의 정책으로 마침내 사라지게 된 것입니다. 처음에는 심야에 시민들이 쏘다녀 범죄가 많아지고 간첩이 늘어날 거라며 걱정하는 사람들도 많았습니다. 하지만 그건 杞憂 □□ 에 불과했고, 오히려 시민들의 자율적인 질서 의식이 성장하는 계기가 되었습니다.

빵점만 안 맞아도 성공

태완 : 학교 다녀오겠습니다!

엄마 : 오늘 시험 본다고 했지?

태완 : 네. 잘 보고 올게요.

엄마 : 그렇게 놀고서 잘 볼 수 있겠니?

태완 : 그만하면 열심히 했잖아요. 좋은 성적 나올 거예요.

엄마 : 별로 기대는 안 되는걸? 빵점만 안 맞아도 성공 아냐?

태완 : 무슨 말씀이세요? 혹시 일등이라도 하면 어쩌시려고…….

엄마 : 일등? 바로 그런 걸 杞憂 □□ 라고 할 수 있겠지?

 **하늘이 파랗게 보이는 까닭**

대낮에는 하늘이 파랗게 보이는데, 그것은 태양에서 나온 빛의 산란 때문입니다. 우리가 흔히 하늘이라고 부르는 곳은 공기로 채워진 대기입니다. 햇빛은 이 대기를 지나면서 질소나 산소 같은 기체 분자와 작은 먼지 알갱이 따위에 부딪쳐 사방으로 흩어지는데, 그 현상이 바로 태양 광선의 산란입니다. 그런데 햇빛 속에는 여러 종류의 빛이 들어 있습니다. 그중에는 우리 눈에 보이는 것과 안 보이는 것이 있는데, 앞엣것을 가시광선이라고 합니다. 태양의 가시광선에는 우리가 무지개에서 볼 수 있는 일곱 가지 빛깔의 빛이 들어 있습니다. 그 가운데 파란빛은 파장이 짧아서, 다시 말해 진동 횟수가 많아서 다른 빛보다 산란이 잘 이루어집니다. 그래서 대기 속에 가장 넓게 퍼지지요. 대낮의 하늘, 곧 대기가 우리 눈에 파랗게 보이는 건 바로 그 때문입니다.

杞 기

뜻 : 구기자, 소태나무, 나라 이름
부수 : 木(나무 목)
획수 : 총 7획
구기자(枸杞子) : 구기자나무의 열매.

憂 우

뜻 : 근심, 병, 앓다
부수 : 心(마음 심)
획수 : 총 15획
우려(憂慮) : 근심과 걱정.
우울(憂鬱) : 마음이 개운하지 않음. 마음이 답답해 찌무룩함.
우환(憂患) : 근심이나 걱정되는 일.

 각주구검

뱃전에 새긴 표시로 칼을 찾으려 하니

刻 새길 **각**   **舟** 배 **주**   **求** 구할 **구**   **劍** 칼 **검**

어려운 일이 생기면 상황을 잘 파악하여 그때그때 알맞게 대처해야 합니다. 융통성 없이 늘 쓰던 방법만을 미련스럽게 고집하면 일을 그르치기 십상입니다. 옛날 양쯔 강에서 칼을 잃어버린 초나라 젊은이처럼 말이죠.

뱃전에 새긴 표시

진(秦)나라의 여불위가 편찬한 〈여씨춘추〉에 나오는 이야기입니다.

초나라의 한 젊은이가 양쯔 강을 건너려고 나루터에서 배를 탔습니다. 배가 출발하자 젊은이는 뱃전에 앉아 드넓은 양쯔 강의 풍경을 여유롭게 바라보았습니다. 그런데 배가 강 중간쯤에 도착했을 무렵, 그는 갑자기 비명을 질렀습니다.

"앗, 내 칼! 칼이 빠졌다!"

배가 크게 출렁거리는 바람에 그만 손에 들고 있던 칼이 강물에 떨어져 버린 것입니다.

"큰일이군. 이를 어쩐다?"

젊은이는 잠깐 생각을 하더니, 품에서 단검을 꺼냈습니다. 그러고는 자기가 앉아 있던 뱃전을 단검으로 그어 표시를 했습니다.

"이곳이 칼을 떨어뜨린 곳이다."

그러고는 다시 뱃전에 앉아 편안히 경치를 구경했습니다. 이윽고 배가 건너편 나루터에 도착하자 그는 칼자국이 있는 뱃전 아래로 뛰어들어 칼을 찾았습니다. 하지만 강 한가운데에 빠진 칼이 거기에 있을 리가 없었습니다. 초나라 젊은이는 칼도 잃고 다른 사람들에게 비웃음까지 사고 말았습니다.

어리석음 **187**

 ## 한글 창제를 반대한 최만리

세종 때 집현전 학사였던 최만리는 훈민정음, 곧 한글이 만들어진 뒤 그에 반대하는 상소를 올렸습니다. 반대 이유는 대대로 중국의 문물을 본받고 섬기며 사는 처지에 한자와 다른 소리글자를 만드는 것은 중국에 대해 부끄러운 일이고, 몽골이나 일본 같은 오랑캐나 하는 일이며, 중국의 높은 학문과 멀어지게 된다는 것이었습니다. 세종은 이에 대해, "설총이 백성의 글자 생활을 돕기 위해 이두를 만든 것과 마찬가지로 한글을 만든 것도 근본적으로 백성을 편안하게 하기 위한 나랏일이다."라고 밝혔습니다. 최만리는 융통성 없이 사대주의만을 고집하여, 정작 중요한 백성의 이익을 돌보지 못하는 刻舟求劍 □□□□ 의 어리석음을 저지른 것입니다.

 ## 500원 분실 신고

은하 : 석태 너, 어제 경찰서 갔었다며?

석태 : 응. 돈을 잃어버려서 분실 신고 하러 갔어.

은하 : 얼마나 잃어버렸는데?

석태 : 500원.

은하 : 뭐? 겨우 500원? 그래서 찾긴 찾았어?

석태 : 아니. 그런데 막 울고 난리를 쳤더니 경찰 아저씨가 그냥 500원을 주더라고.

은하 : 刻舟求劍 □□□□ 같은 짓을 하고도 용케 돈은 찾았네.

세계에서 세 번째로 긴 양쯔 강

흔히 창장 강이라고 부르는 양쯔 강은 나일 강과 아마존 강에 이어 세계에서 세 번째로 긴 강입니다. 멀리 티베트 고원에서 시작하여 중국의 남부와 중부 지역을 지나 황해로 빠져나가며, 길이가 무려 6,300킬로미터나 됩니다. 상류는 기껏해야 너비 300~400미터에 깊이 9미터 정도지만, 하류는 너비가 1,800미터까지 넓어지고 깊이도 최대 30미터가 됩니다. 그래서 하류에서는 1만 톤급 배까지 뜨는가 하면, 중류 지역인 충칭까지 1천 톤급 배가 다니기도 합니다. 180만 제곱킬로미터나 되는 강 유역에는 약 2억 명의 사람들이 모여 살며, 곡물 생산량은 중국 전체의 절반이나 됩니다. 최근 중류 지역인 후베이 성 이창에는 높이 175미터에 길이가 23킬로미터나 되는 세계 최대 규모의 산샤 댐이 건설되었습니다.

刻 각
- **뜻** : 새기다, 깎다, 시간
- **부수** : 刂(=刀, 선칼도방)
- **획수** : 총 8획
- **조각**(彫刻) : 재료를 새기거나 깎아서 입체 형상을 만듦. 또는 그런 미술 분야.
- **정각**(正刻) : 틀림없는 바로 그 시각.

舟 주
- **뜻** : 배
- **부수** : 舟(배 주)
- **획수** : 총 6획
- **방주**(方舟) : 네모난 모양의 배.
- **일엽편주**(一葉片舟) : 한 척의 작은 배.

求 구
- **뜻** : 구하다, 빌다, 탐하다
- **부수** : 水(물 수)
- **획수** : 총 7획
- **구직**(求職) : 일자리를 구함.
- **추구**(追求) : 목적을 이룰 때까지 뒤쫓아 구함.

劍 검
- **뜻** : 칼
- **부수** : 刂(=刀, 선칼도방)
- **획수** : 총 15획
- **검객**(劍客) : 검술에 능한 사람.
- **단검**(短劍) : 짧은 칼.

先 먼저 선　**入** 들 입　**見** 볼 견

어떤 사람이나 사물에 대해 실제로 경험하기도 전에 미리 특정한 생각을 갖고 그것을 사실로 믿을 때가 있습니다. 그런 경우에는 대개 잘못된 판단으로 옳지 않은 행동을 하게 마련이지요. 선입견은 그처럼 섣부른 생각이나 느낌을 가리킬 때 쓰는 말입니다.

방통의 충성심

중국 삼국 시대에 방통이라는 장수가 있었습니다. 방통은 매우 지혜롭고 의로운 사람이었지만, 인물이 너무 못나서 그를 보면 사람들은 자기도 모르게 눈살을 찌푸렸습니다. 덕 있는 사람을 찾아 떠돌던 방통은 유비야말로 자신이 목숨을 바쳐도 아깝지 않은 사람이라고 생각했습니다. 하지만 덕이 높기로 이름난 유비조차 방통을 꺼렸습니다. 방통의 겉모습만을 보고 좋지 않은 선입견을 가졌기 때문입니다. 그러자 제갈공명이 유비에게 이렇게 충고했습니다.

"사람은 첫인상만을 보고 판단할 수 없습니다. 방통은 비록 생김새는 저렇지만 굉장히 뛰어난 인물입니다. 큰일을 하고자 한다면 저런 사람을 소중하게 대우해 주어야 합니다."

유비는 제갈공명의 충고를 듣고서야 방통을 신하로 맞아들이고 예의를 갖춰 대하였습니다.

방통은 유비의 신하가 된 뒤 여러 전투에서 많은 공을 세웠습니다. 또한 유비가 적의 함정에 빠져 위기에 처하자, 유비를 구하기 위해 유비로 변장하여 목숨을 버리는 충성심을 보여 주었습니다. 겨우 살아난 유비는 방통을 처음 만났을 때 그에 대해 가졌던 잘못된 생각을 떠올리며 크게 슬퍼하였다고 합니다.

 황색 탄환 류시앙

중국의 단거리 육상 선수인 류시앙은 2004년 아테네 올림픽 남자 110미터 허들 경기에서 금메달을 따 세계를 놀라게 했습니다. 그때까지 아시아인은 신체의 한계 때문에 육상 트랙 경기, 그것도 단거리 경기에서는 결코 좋은 성적을 낼 수 없다는 게 상식으로 통했습니다. 그런데 류시앙이 그런 先入見 □□□ 을 깬 것입니다. 더구나 2년 뒤인 2006년 7월에는 12초 88을 기록해 13년 만에 세계 기록을 갈아치우기까지 했습니다. 그런데 세계 육상 선수권 대회에서는 우승한 적이 없었습니다. 하지만 2007년 일본 대회에서 그것마저 손쉽게 이룸으로써 누가 뭐래도 세계 최고임을 증명하였습니다. 류시앙은 현재 2008년 올림픽의 유력한 우승 후보로 꼽히고 있습니다.

 아줌마라고 부르지 마!

은하 : 엄마, 왜 표정이 그래요?

엄마 : 글쎄, 세탁소 아저씨가 나를 아줌마라고 부르잖니.

은하 : 그럼 아줌마를 아줌마라고 부르지 뭐라고 불러요?

엄마 : 내가 어딜 봐서 아줌마 같니?

은하 : 아무리 봐도 아줌마인데요?

엄마 : 제발 그런 先入見 □□□ 좀 버려! 나도 제대로 꾸미고 나가면 다 아가씨라고 그래!

은하 : 그거야 예의상 하는 소리죠.

 ## 사람의 첫인상을 결정하는 것

사람의 첫인상에서 가장 중요한 건 역시 얼굴의 생김새입니다. 어떤 사람을 알아볼 때 맨 먼저 확인하는 게 바로 얼굴 생김새이니까요. 그다음은 전체적으로 풍기는 분위기와 말씨입니다. 분위기와 쓰는 말에 따라 얼굴의 아름다움이나 추함도 다르게 느껴질 수 있지요. 옷차림도 중요합니다. 상식에 어긋나는 괴상망측한 옷을 입은 사람이라면 아무리 얼굴이 잘생기고 말씨가 고상해도 좋게 보일 수가 없겠지요. 성격은 금세 알아차릴 수 없다는 어려움이 있지만, 짧은 순간에라도 드러나면 그 사람에 대한 인상에 큰 영향을 줍니다. 좀 더 오래 관찰하는 경우, 성격에 따라 보면 볼수록 인상이 좋아질 수도 있고 반대로 보면 볼수록 나빠질 수도 있습니다.

先 선
뜻 : 먼저, 옛, 돌아가신 이, 앞서다
부수 : 儿(어진사람인발)
획수 : 총 6획
선두(先頭) : 첫머리. 맨 앞.
선조(先祖) : 먼 대의 조상.

入 입
뜻 : 들다, 들이다, 들어가다, 들어오다
부수 : 入(들 입)
획수 : 총 2획
입구(入口) : 들어가는 어귀나 문.
출입(出入) : 드나듦.

見 견
뜻 : 보다, 보이다, 견해
부수 : 見(볼 견)
획수 : 총 7획
견문(見聞) : 보고 들음.
의견(意見) : 어떤 대상이나 일에 대한 생각.

  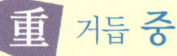 

'권토(捲土)'는 흙을 말아 올린다는 뜻입니다. 말발굽과 병사들의 발걸음으로 흙먼지가 일어나는 상황을 표현한 것이지요. 그러니까 "흙먼지를 일으키며 다시 달려온다."는 말인데, 거기에 어떤 뜻이 담겨 있는지 초나라 항우의 이야기를 들어 볼까요?

스스로 목숨을 끊은 항우

항우와 유방이 천하를 두고 싸울 때의 일입니다. 산이라도 뽑을 듯한 힘을 뽐내며 승승장구하던 항우였지만, 점차 유방에게 밀리기 시작했습니다. 결국 항우는 유방과의 마지막 전투에서 패한 뒤 처량하게 도망 다니는 신세가 되고 말았습니다.

항우가 마지막에 다다른 곳은 오강 나루였습니다. 그곳은 항우가 맨 처음 군사를 일으킨 강동의 길목이었습니다. 배를 띄우고 기다리던 사공은 항우에게 강을 건너가 후일을 도모할 것을 권했습니다. 하지만 항우는 치욕을 견딜 수 없었습니다.

"8년 전 강동의 8,000여 자제와 함께 떠난 내가 지금 혼자 무슨 면목으로 강을 건너가 부모형제를 대하겠는가!"

그러고는 스스로 목숨을 끊어 파란 만장한 31년의 생애를 마감했습니다. 약 천 년 뒤, 시인 두목은 오강 나루터에서 항우의 죽음을 애석해하며 시를 지었습니다.

전쟁에서 승패는 기약할 수 없으니
부끄러움을 안고 견디는 것도 사나이로다.
강동의 자제들 중에는 뛰어난 인재가 많아서
흙먼지를 일으키며 다시 오면 알 수 없는 일일 텐데…….

엘바 섬으로 쫓겨난 나폴레옹

프랑스 혁명이 일어나자 나라 안팎의 반혁명군이 끊임없이 혁명 정부를 공격했습니다. 이 위기에서 반혁명군을 무찌르는 데 큰 공을 세운 사람이 바로 나폴레옹이었습니다. 하지만 그 뒤 나폴레옹은 자기가 스스로 반란을 일으켜 황제의 자리에까지 올랐습니다. 그리고 거침없이 유럽 정복에 나섰지만, 1812년에 러시아에서 대패하고 나서 몰락하기 시작했습니다. 결국 프랑스에서조차 외면을 받게 된 나폴레옹은 프랑스를 점령한 유럽 동맹군에 의해 엘바 섬으로 쫓겨났습니다. 하지만 그게 나폴레옹의 끝은 아니었습니다. 아직 추종자가 있는 데다 나폴레옹 뒤에 들어선 세력이 혁명 이전의 전제 왕조였기 때문입니다. 그 덕분에 나폴레옹은 엘바 섬에서 倦土重來 □□□□ 를 꿈꿀 수 있었습니다.

선거는 정정당당하게

아빠 : 은희는 왜 그렇게 풀이 죽어 있니?

엄마 : 반장 선거에서 떨어졌대요.

아빠 : 그까짓 거 가지고 뭘 그래?

은희 : 그까짓 거라니요? 그동안 얼마나 공을 들였는데요.

엄마 : 공을 들여?

은희 : 틈틈이 맛있는 거 사 주고 숙제도 해 주고…….

아빠 : 그래서 떨어진 거 아닐까? 정정당당하게 실력으로 대결했어야지.

엄마 : 맞아. 그러니 이제 반성하면서 捲土重來 □□□□ 를 꿈꿔 보렴.

 ## 작은 두보, 두목

중국 당나라 때의 시인으로 이상은과 더불어 이두(李杜)로 불립니다. 작품 성향이 두보와 비슷하다고 해서 소두(小杜), 곧 작은 두보라 불리기도 했습니다. 산문을 짓는 실력도 훌륭했지만 시에 더 뛰어났으며, 특히 칠언절구를 잘 지었습니다. 26세에 과거에 급제하여 여러 벼슬을 지낸 강직한 성품의 소유자로, 기울어 가는 당나라를 구하려고 애를 썼습니다. 그래서 문학뿐만 아니라 정치와 병법을 연구하고, 〈아방궁의 부(賦)〉라는 시를 지어 당시 왕이던 경종에게 충고도 했습니다. 문학이 융성하던 당나라 말기의 시인답게 문장을 꾸미는 데 능하면서도 내용을 더 중시했습니다. 주요 작품으로는 〈아방궁의 부〉와 〈강남의 봄〉, 〈번천문집〉 등이 꼽힙니다.

捲 권
뜻 : 말다, 힘쓰다, 주먹
부수 : 扌(=手, 재방변)
획수 : 총 11획
권양기(捲楊機) : 밧줄이나 쇠사슬로 무거운 물건을 들어 올리거나 내리는 기계.
권당(捲堂) : 옛날 성균관의 학생들이 불평이 있을 때, 식사를 거부한다는 뜻으로 다 같이 식당에 들어가지 않던 일. 시위의 일종.

土 토
뜻 : 흙, 땅
부수 : 土(흙 토)
획수 : 총 3획
토지(土地) : 땅. 논밭.
영토(領土) : 한 나라의 통치권이 미치는 구역.

重 중
뜻 : 거듭, 무겁다, 무게
부수 : 里(마을 리)
획수 : 총 9획
중복(重複) : 겹침.
체중(體重) : 몸무게.

來 래
뜻 : 오다, 돌아오다, 미래
부수 : 人(사람 인)
획수 : 총 8획
왕래(往來) : 가고 옴.
거래(去來) : 주고받음. 또는 사고 팖.

어리석음 **197**

찾아보기

ㄱ~ㄲ

- 각주구검 186
- 고복격양 90
- 괄목상대 120
- 구상유취 174
- 구우일모 140
- 군계일학 16
- 권토중래 194
- 기우 182

ㄴ

- 난형난제 40
- 남가일몽 98
- 낭중지추 28
- 노익장 48
- 누란지위 108

ㄷ

- 다다익선 86
- 당랑거철 166
- 대기만성 70
- 도외시 160
- 동가식서가숙 136
- 동병상련 20

ㅁ~ㅂ

- 맥수지탄 144
- 문전성시 36
- 백년하청 78
- 백미 24
- 부마 60
- 비육지탄 148

ㅅ

- 사면초가   124
- 사이비   156
- 사족   170
- 새옹지마   94
- 선입견   190
- 순망치한   12

ㅇ

- 연목구어   178
- 오십보백보   82
- 오월동주   64
- 완벽   152
- 요령부득   132
- 유유상종   32

ㅈ~ㅊ

- 조강지처   56
- 천고마비   74
- 철면피   44
- 첩경   116

ㅍ~ㅎ

- 파경   52
- 파죽지세   112
- 함흥차사   128
- 호사유피인사유명   102

웅진주니어

국어 교과서도 탐내는 맛있는 고사성어 2

초 판 1쇄 발행 2008년 2월 15일
초 판 33쇄 발행 2024년 2월 29일

지은이 문명식
그 린 이 후크 정
발 행 인 이봉주
도서개발실장 안경숙
책임편집 손자영
디 자 인 design86
마 케 팅 정지운, 박현아, 원숙영, 김지윤, 황지영
제작 신홍섭

펴 낸 곳 (주)웅진씽크빅
주   소 경기도 파주시 회동길 20 (우)10881
문의전화 031)956-7403(편집), 031)956-7569, 7570(마케팅)
홈페이지 www.wjjunior.co.kr **블로그** blog.naver.com/wj_junior
페이스북 facebook.com/wjbook **트위터** @new_wjjr **인스타그램** @woongjin_junior
출판신고 1980년 3월 29일 제406-2007-00046호 **제조국** 대한민국

ⓒ 문명식, 후크 정 2008 (저작권자와 맺은 특약에 따라 검인을 생략합니다.)
ISBN 978-89-01-07171-8   978-89-01-06873-2(세트)

웅진주니어는 (주)웅진씽크빅의 유아·아동·청소년 도서 브랜드입니다.
이 책은 저작권법에 따라 보호받는 저작물이므로 무단전재와 무단복제를 금합니다.
이 책의 내용의 전부 또는 일부를 이용하려면 저작권자와 (주)웅진씽크빅의 서면동의를 받아야 합니다.

잘못된 책은 바꾸어 드립니다.
* 주의 1_책 모서리가 날카로워 다칠 수 있으니 사람을 향해 던지거나 떨어뜨리지 마십시오.
       2_보관 시 직사광선이나 습기 찬 곳은 피해 주십시오.
* 웅진주니어는 환경을 위해 콩기름 잉크를 사용합니다.